◎ 一部极具指导意义的智慧书 ◎

一本书读懂易经

青 石 主编

光明日报出版社

图书在版编目（CIP）数据

一本书读懂易经 / 青石主编 . -- 北京：光明日报出版社，2012.6（2025.1 重印）

ISBN 978-7-5112-2363-0

Ⅰ . ①一… Ⅱ . ①青… Ⅲ . ①《周易》– 通俗读物 Ⅳ . ① B221-49

中国国家版本馆 CIP 数据核字 (2012) 第 075514 号

一本书读懂易经

YIBENSHU DUDONG YIJING

主　　编：青　石

责任编辑：李　娟　陈　博　　　　　　责任校对：日　央
封面设计：玥婷设计　　　　　　　　　封面印制：曹　净

出版发行：光明日报出版社

地　　址：北京市西城区永安路 106 号，100050

电　　话：010–63169890（咨询），010–63131930（邮购）

传　　真：010–63131930

网　　址：http://book.gmw.cn

E – mail：gmrbcbs@gmw.cn

法律顾问：北京市兰台律师事务所龚柳方律师

印　　刷：三河市嵩川印刷有限公司

装　　订：三河市嵩川印刷有限公司

本书如有破损、缺页、装订错误，请与本社联系调换，电话：010–63131930

开　　本：170mm×240mm

字　　数：205 千字　　　　　　　　　印　　张：15

版　　次：2012 年 6 月第 1 版　　　　印　　次：2025 年 1 月第 3 次印刷

书　　号：ISBN 978-7-5112-2363-0

定　　价：49.80 元

前　言

　　《周易》原是上古卜筮之著述，商、周之际，经过文王的整理，将它引入了"天人之际"的学术领域，后经过孔子的传述，又经过历代众多学者的精心研究，成为中国人文文化的基础，对儒、道、墨和诸子百家的思想都有较大的影响。我国著名哲学家冯友兰教授曾说："《周易》是宇宙代数学。"被誉为"中国脊梁"的梁漱溟教授说："《周易》是中华民族的文化瑰宝。"张岱年教授曾说："《周易》是中华民族传统文化的最高典籍。"季羡林教授说："《周易》是中华民族文化之源。"

　　《周易》是我国现存最早的哲学著作，在中华文化史上占有极其重要的地位，儒家尊之为"群经之首"，道家崇之为"三玄之一"。它仰观天文，俯察地理，中通万物之情；究天人之际，探索自然、人生易变的法则；不但启示事物发生的微妙契机，并且指引趋吉避凶；运用哲学的智慧，积极地指示人们采取正确的措施。其玄思宇宙的深奥哲学和象数图式，在世界文化史上也是独树一帜的，令古今中外无数思想家、政治家、科学家、术数家为之倾倒。从古至今，很多人通过研读《周易》获得成功的智慧和方法：德国哲学家莱布尼茨受到《周易》的启示，破译了二进制的奥秘，研制出了手摇计算器；丰田、三星的创始人也是通过《周易》受到启发，成就了大事业；而诺贝尔物理学奖获得者、丹麦人内尔斯·玻尔，因其对世界物理学的杰出贡献，被他的国家授予爵士徽章时，他选择了《周易》中阴阳太极图案作为整个徽章的标志。

《周易》既是一部古老的智慧书，也是一部现实生活的指导书。从《周易》中，哲学家看到辩证思维，史学家看到历史兴衰，政治家看到治世方略，军事家可参悟兵法，企业家可从中找到经营之道，管理者可从中领悟到管理秘诀，同样，芸芸众生也可将其视为为人处世、提高修养的不二法宝。

本书的目的正在于解析《周易》的智慧对人们在当今社会成就人生的重要意义。为了帮助读者更好地理解《周易》，掌握其所蕴含的人生智慧，编者从《周易》六十四卦的本意出发，对《周易》中有关如何修身养性、为人处世、齐家立业等方面的思想做了深入浅出的阐释，把《周易》的智慧导入现代社会的生活情境中，帮助读者更透彻地领悟《周易》，用《周易》的智慧成就事业和人生。

为了方便读者阅读，本书在编排上，增设了相关的辅助性栏目：译文，在尊重原文的基础上对每一句进行讲解，扫除阅读障碍；智慧解读，将每一爻的主题思想、所蕴含的人生成功智慧予以解析，使读者深入体味其内涵；要诀，提炼出精到的为人处世原则……这些内容，或纵向深入，或横向延展，帮助读者快速领略人生智慧，不断地超越自我，走向更加广阔的成功之路。

目 录
Contents

乾卦第一
——自强不息

 （乾下 乾上）

乾，元亨，利贞。

《彖》曰：大哉乾元！万物资始，乃统天。云行雨施，品物流形。大明终始，六位时成。时乘六龙以御天。乾道变化，各正性命。保合太和，乃利贞。首出庶物，万国咸宁。

《象》曰：天行健，君子以自强不息。

【译】乾卦象征天，元始，亨通，和谐有利，贞正坚固。

◎《彖》解释道：伟大的乾元（开创万物的阳气），万物由你而生，都本于天。云气流行，雨水布施，众物周流而各自成形。阳光运行于终始，六爻得时而形成。依时乘驾六爻之阳气，以驾御天道。乾道在变化，万物各定其性命。保太和之气，才能有利于守持纯正。阳气周流不息，如冬尽春来，又重新萌生万物，万国皆得安宁。

◎《象》解释道：天道的运行刚劲强健，君子因此发愤图强而永不停息。

【要诀】坚忍不拔，自强不息。

初九，潜龙，勿用。

《象》曰：潜龙勿用，阳在下也。

【译】初九，龙在潜伏之中，不能轻举妄动。

◎《象》解释道：龙在潜伏之中，不能轻举妄动，是因为"初九"虽然是阳爻，但它在最下面。

【要诀】戒急用忍，韬光养晦，暗中发展，以图大用。

九二，见龙在田，利见大人。

《象》曰：见龙在田，德施普也。

【译】九二，龙出现在田野里，有利于去拜见有道德有作为的人。

◎《象》解释道：龙出现在田野里，要普降恩泽（因此这时候见它很有利）。

【要诀】冷静思考，抓住机会。

九三，君子终日乾乾，夕惕若，厉无咎。

《象》曰：终日乾乾，反复道也。

【译】九三，君子终日勤奋不松懈，到了晚上要戒惧反思。这样，即使有了危险，也不会带来灾祸。

◎《象》解释道：终日勤奋不松懈，也就是反复行道。

【要诀】勤奋不懈，戒惧反思。

九四，或跃在渊，无咎。

《象》曰：或跃在渊，进无咎也。

【译】九四，龙在深潭中或者腾跃上进或者退处在渊，没有灾祸。

◎《象》解释道：龙在深潭中或者腾跃上进或者退处在渊，审时前进自然没有灾祸。

【要诀】高瞻远瞩，审时前进。

九五，飞龙在天，利见大人。

《象》曰：飞龙在天，大人造也。

【译】九五，龙飞腾在天空中，有利于出现德高势隆的大人物。

◎《象》解释道：龙飞腾在天空中，德高势隆的大人物必有所作为。

【要诀】狂飙突进，腾云而上。

上九，亢龙有悔。

《象》曰：亢龙有悔，盈不可久也。

【译】上九，龙飞到了极高之处，有了悔意。

◎《象》解释道：龙飞到了极高之处，有了悔意，这是因为水满则溢，不能持久。

【要诀】头脑清醒，居安思危。

用九，见群龙无首，吉。

《象》曰：用九，天德不可为首也。

【译】用九，群龙出现，没有首领，吉利。

◎《象》解释道：各秉天德，不自居首领。

【要诀】群策群力，人尽其才。

❀ 乾卦给我们的启示 ❀

1. 有志于建功立业的人，要有坚忍不拔的精神。应当自强不息，努力拼搏，无论遇到什么样的艰难险阻都能勇敢向前，这样才能有大的成就。

2. 为人必须谦虚谨慎，戒骄戒躁。取得一点小的成绩不能沾沾自喜，故步自封，应该抓住好的机遇，不断地超越自己。在事业进展顺利的时候，要小心防范可能出现的危险；当出现挫折时，不能停滞不前。

3．开创事业仅仅靠自己一个人的力量是不够的，要学会用人，发挥每个人的长处为自己服务。虚心听取别人的意见，集体的智慧蕴藏着无穷的财富。只要上下团结一心，群策群力，不愁大事不成。

坤卦第二
——厚德载物

（坤下　坤上）

坤，元亨，利牝马之贞。君子有攸往，先迷，后得主，利。西南得朋，东北丧朋。安贞吉。

《彖》曰：至哉坤元！万物资生，乃顺承天，坤厚载物，德合无疆。含弘光大，品物咸亨。牝马地类，行地无疆，柔顺利贞。君子攸行，先迷失道，后顺得常。西南得朋，乃与类行；东北丧朋，乃终有庆。安贞之吉，应地无疆。

《象》曰：地势坤，君子以厚德载物。

【译】坤卦象征地，元始，亨通，利于像雌马一样守持正固。君子有所行，要是抢先居首必然迷入歧途，若随从人后，就会有人做主，必得利益。往西南走会得到朋友，往东北走会失去朋友，这时安于坚持正道则吉。

◎《彖》解释道：坤元（配合天开创万物的大地）真伟大，万物因它而生，故顺承天道。坤用厚德载养万物，功在无疆。包含光大，众物皆得通顺。母马是地上的动物，奔行于无边的大地，柔顺而宜于坚持正道，君子有所行，要是抢先居首必然迷入歧途，若随从人后，就会有人做主，必得利益。西南得到朋友，是同类相聚而行；东北丧失朋友，但最终将有吉庆。安于坚持正道的吉利，正是迎合了无边的地德。

◎《象》解释道：坤象征着地势，君子以宽厚之德容载万物。

【要诀】柔顺宽容。

初六，履霜，坚冰至。

《象》曰：履霜坚冰，阴始凝也；驯致其道，至坚冰也。

【译】初六，踏到薄霜时，则（知道）坚冰就要到来了。

◎《象》解释道：踏到薄霜时，阴气开始凝结。顺着阴气发展的规律，则坚冰必将到来。

【要诀】见微知著，防微杜渐。

六二，直、方、大，不习无不利。

《象》曰：六二之动，直以方也；不习无不利，地道光也。

【译】六二，（大地）平直、四方、广袤，即使去陌生的地方，也不会不利。

◎《象》解释道："六二"之动，"平直"而"方正"。即使去陌生的地方，也不会不利，这是因为地道柔顺广大。

【要诀】正直方大，无往不利。

六三，含章可贞，或从王事，无成，有终。

《象》曰：含章可贞，以时发也；或从王事，知光大也。

【译】六三，蕴含美德而不张扬，吉。跟从君王作战，不以成功自居，才会有好的结果。

◎《象》解释道：蕴含美德而不张扬，目的是待时而动。跟从君王作战，不以成功自居，这正是智慧光大的体现。

【要诀】谦虚谨慎，恪守本分。

六四，括囊，无咎，无誉。

《象》曰：括囊无咎，慎不害也。

【译】六四，扎紧口袋，没有过失，也不求赞誉。

◎《象》解释道：扎紧口袋，没有过失，谨慎就没有危害。

【要诀】明哲保身，收敛忍耐。

六五，黄裳元吉。

《象》曰：黄裳元吉，文在中也。

【译】六五，穿黄色的裙裳，大吉。

◎《象》解释道：穿黄色的裙裳很吉利，温润而守中道。

【要诀】谦逊有礼，保持本色。

上六，龙战于野，其血玄黄。

《象》曰：龙战于野，其道穷也。

【译】上六，龙在原野上争斗，血流遍地。

◎《象》解释道：龙在原野上争斗，是因为纯阴之道已发展穷尽。

【要诀】过犹不及，适可而止。

用六，利永贞。

《象》曰：用六永贞，以大终也。

【译】用六，有利于永守正道。

◎《象》解释道：永守正道，以坤道养育万物而大终。

【要诀】执着纯正。

🌀 坤卦给我们的启示 🌀

1. 一个人在刚强、进取的同时，还要具备阴柔、退让的性格，后者是对前者的辅助和补充，一味逞强，必遭折断；刚柔相济，才能获得成功。行善积德，以宽厚、豁达的态度待人接物，常常会获得出人意料的成功和幸福。

2. 做人要谨慎谦逊，要见微知著。把不好的苗头扼杀在萌芽状态，才能避免可能到来的灾祸。

3. 要学会明哲保身，并不是说不去见义勇为，不帮助别人，而是要有避祸意识，不做无谓的牺牲，不强出头，这些都建立在对局势的冷静观察之上。急流勇退、适可而止才是善始善终之道。

☰ 屯卦第三 ☰
——艰难困苦育新生

☳（震下 坎上）

屯，元亨，利贞；勿用有攸往，利建侯。

《彖》曰：屯，刚柔始交而难生。动乎险中，大亨贞。雷雨之动满盈，天造草昧，宜建侯而不宁。

《象》曰：云雷屯，君子以经纶。

【译】屯卦象征初生，和畅通顺，宜于守正，不要有所往，宜于建立诸侯以广资辅助。

◎《彖》解释道：屯，刚柔开始相交，艰难也同时产生。在险难的情况下活动，前景虽然比较吉利，但要守持正固。雷雨将作，雷声乌云充满天地之间，如天始造化，万物开始萌发之时，此时适宜于建立诸侯治理天下，而不可安居无事。

◎《象》解释道：云与雷合成屯卦，君子以此肩负起策划经营的责任（以天下为己任）。

【要诀】积极策划，以备大用。

初九，磐桓，利居贞，利建侯。

《象》曰：虽磐桓，志行正也；以贵下贱，大得民也。

【译】初九，盘旋难进，宜于安居守持正固，宜于建立诸侯多获资助。

◎《象》解释道：虽然盘旋难进，但志向、行为纯正。以高贵而下接低贱，大得民众依附。

【要诀】百折不挠，顽强拼搏。

六二，屯如，邅如。乘马班如；匪寇，婚媾；女子贞不字，十年乃字。

《象》曰：六二之难，乘刚也；十年乃字，反常也。

【译】六二，困顿而徘徊。乘马的人纷拥前来，不是强盗，是来求婚的。女子却不愿嫁人，要过十年才许嫁。

◎《象》解释道："六二"的灾难，是因为它居于（初九之）刚之上。十年才许嫁，说明难极至通，事理又恢复正常。

【要诀】坚定执着，高瞻远瞩。

六三，即鹿无虞，惟入于林中；君子几不如舍，往吝。

《象》曰：即鹿无虞，以从禽也；君子舍之，往吝穷也。

【译】六三，追鹿到了山林里，却没有看林人做向导，考虑是否到树林中去的问题。君子很明智，认为还是不去为好，进去非但打不到野兽，还会有危险。

◎《象》解释道：追鹿到了山林里，却没有看林人做向导，因此纵禽逃走。君子不去追，去则灾害无穷。

【要诀】认清形势，适当放弃。

六四，乘马班如，求婚媾；往吉，无不利。

《象》曰：求而往，明也。

【译】六四，骑马前去求婚徘徊不前，感到困难，怕被人家拒绝。但前往则结果吉利，没有不成功的。

◎《象》解释道：（勇敢地）前去追求，才是明智之举。

【要诀】不惧失败，积极进取。

九五，屯其膏，小贞吉，大贞凶。

《象》曰：屯其膏，施未光也。

【译】九五，克服初创艰难，即将广施膏泽。柔小者，守持正固可获吉祥；刚大者，守持正固以防凶险。

◎《象》解释道：克服初创艰难，即将广施膏泽，说明九五所施德泽尚未及光大。

【要诀】结合实际，稳扎稳打。

上六，乘马班如，泣血涟如。

《象》曰：泣血涟如，何可长也？

【译】上六，骑在马上盘旋不前，哭泣得血泪涟涟。

◎《象》解释道：哭泣得血泪涟涟，这样下去，好景能维持得长吗？

【要诀】正确抉择，不可冒进。

屯卦给我们的启示

1. 在创业之始，每个人都会遇到困难，都会踌躇和迷惘。眼前的事物又如此纷纭众多，充满着诱惑。这正是建功立业、大有作为之时，此时最重要的，不是急着出击，而是首先要坚守正道，志向纯正，选择正确道路，才不会在跨出第一步时误入歧途，一失足成千古恨。

2. 创业初期，往往力量有限，经不起挫折，任何错误都可能导致灾难性的后果。因而在情况未明、前途未卜之时，要努力搜集各种信息，认真分析研究，以期准确把握时机，做出正确决策。在目标选定时，看准时机，迅速行动才会有好结果。如果情况未定或时机未到，则宁可舍弃，另寻新路，切不可盲目行动。

3. 当处于进退两难的困境时，则宁进勿退。因为只有积极进取，采取果断行动，才能打破僵局，使局势明朗，从而找到出路。若固守待变，则会失去机会，可能使局势更加恶化。有时进取实际上是在制造机会。

蒙卦第四

——以学愈愚人才兴

☶（坎下 艮上）

蒙，亨。匪我求童蒙，童蒙求我。初筮告，再三渎，渎则不告。利贞。

《彖》曰：蒙，山下有险，险而止，蒙。蒙，亨，以亨行，时中也；匪我求童蒙，童蒙求我，志应也；初筮告，以刚中也；再三渎，渎则不告，渎蒙也；蒙以养正，圣功也。

《象》曰：山下出泉，蒙；君子以果行育德。

【译】蒙卦象征启蒙，亨通。不是我求蒙昧的童子，而是蒙昧的童子求我对他进行启蒙教育。他初次请教我施以教诲，接二连三地滥问，是渎乱学务，如此则不予施教。利于守持正固。

◎《彖》解释道：蒙卦（山上水下），山下有危险，遇到危险就停止下来，这就叫作蒙。蒙卦亨通，这是因为遇到危险能停下来的缘故。不是我求蒙昧的童子，而是蒙昧的童子求我，双方的志趣相投。他初次来向我求教，我告诉他，是因为我存刚毅中正之心。可是他再三地来向我求教滥问，如此则不予施教，因为这渎乱了蒙稚启迪的正常秩序。启蒙是为了培养正道，这是神圣不可侵犯的事业。

◎《象》解释道：山下流出泉水，就好像是启蒙幼童，君子应当效法这一卦的精神，以果敢的行动来培养人的品德。

【要诀】防微杜渐，教育为本。

初六，发蒙，利用刑人，用说桎梏，以往吝。

《象》曰：利用刑人，以正法也。

【译】初六，对儿童进行启蒙教育，必须用责罚来规范蒙童的行为，端正他们的品质，使他们不至于犯罪。若不注重对蒙童道德的启蒙教育，却急于求成，必有遗憾。

◎《象》解释道：之所以惩戒蒙童，是要以此来规范他们的行为，使他们知法度，有规矩。

【要诀】确立规矩，适当诱导。

九二，包蒙吉，纳妇吉，子克家。

《象》曰：子克家，刚柔接也。

【译】九二，包容蒙昧，吉祥。娶妻吉祥。儿子能够承担起家庭的责任。

◎《象》解释道：儿子能够承担起家庭的责任，是刚爻能与阳爻相互交接的原因。

【要诀】人才强国，兴家旺族。

六三，勿用取女，见金夫，不有躬，无攸利。

《象》曰：勿用取女，行不顺也。

【译】六三，不要娶这样的女子，见到有钱财的男子就忘记了自己的礼节，娶她没有什么好处。

◎《象》解释道：不要娶这样的女子，是因为她的行为不顺合礼节。

【要诀】立场坚定，矢志不移。

六四，困蒙，吝。

《象》曰：困蒙之吝，独远实也。

【译】六四，被困在蒙昧中，有吝难。

◎《象》解释道：被困在蒙昧中而受到吝难，这是因为远离刚健笃实的启蒙老师。

【要诀】脚踏实地，务实进取。

六五，童蒙，吉。

《象》曰：童蒙之吉，顺以巽也。

【译】六五，蒙昧的儿童单纯无邪，正待受人启发，吉祥。

◎《象》解释道：蒙昧的儿童吉祥，是因为其对蒙师恭顺谦逊。

【要诀】与时俱进，随缘应变。

上九，击蒙，不利为寇，利御寇。

《象》曰：利用御寇，上下顺也。

【译】上九，以严厉措施教治蒙童，但不宜用过于暴烈的方式，应适当严厉，像抵御强寇的方式。

◎《象》解释道：采用抵御盗寇的方式治蒙有利，这是因为双方的意志顺合。

【要诀】张弛有道，宽猛相济。

蒙卦给我们的启示

1. 蒙卦应用于教育事业，它告诫人们，教育的原则，应该注重潜移默化，循序渐进，不可贪功冒进。教育是百年大计的事业，应该把握住不偏不激的中庸之道。教育又是神圣不可侵犯的事业，学习的动机必须要纯正，而且要持之以恒，坚持到底。

2. 教育应当严格，但是又要适度，因为过于严厉会造成学生的抗拒心理。学习不可见异思迁，不可好高骛远，更不可浅尝辄止。无论教还是学，都应该谦虚，相互切磋，从而教学相长，彼此受益。在教学中还应该做到内柔外刚，对内应当做到兼容并蓄。

3. 这一卦还象征了在创业的初期，秩序尚未建立，事物还处于萌芽的状态，一切都是蒙昧混乱的。这个时期的特点是危机四伏，一切都是不确定的，从而使人内心产生恐惧，造成一种对事物的抗拒心理，以致重私利，轻公益，趋向于保守，缺乏进取心。因而在创业的初期，未雨绸缪，广罗人才是最为重要的。

需卦第五

——揣时度力待时动

（乾下 坎上）

需，有孚，光亨，贞吉，利涉大川。

《彖》曰：需，须也，险在前也。刚健而不陷，其义不困穷矣。需，有孚，光亨，贞吉，位乎天位，以正中也。利涉大川，往有功也。

《象》曰：云上于天，需；君子以饮食宴乐。

【译】需卦象征等待，心怀诚信，光明通顺，守持正固可得吉祥，渡大河有利。

◎《彖》解释道：需，也就是等待的意思，（水在天上）表示险在前面。刚健而没有陷入，它的意思就是不会遭到穷困了。需卦有孚信，光辉亨通，守正吉祥，处在天的位子，因为有中正之德。有利于涉过大河险阻，一往直前必有功效。

◎《象》解释道：上卦坎为云，下卦乾为天，云在天的上方，就是需卦了。君子从中受到启发，要待其时饮食宴乐。

【要诀】坚守正道，厚积薄发。

初九，需于郊，利用恒，无咎。

《象》曰：需于郊，不犯难行也；利用恒，无咎，未失常也。

【译】初九，在郊外等待，有利于保持恒心，这样没有灾祸。

◎《象》解释道：在郊外等待，是不冒险前进；有利于保持恒心，没有灾祸，是没有失去常态。

【要诀】远害全身，不轻举妄动。

九二，需于沙，小有言，终吉。

《象》曰：需于沙，衍在中也；虽小有言，以终吉也。

【译】九二，在沙滩上等待，虽然有些小的口舌是非，但最后会吉祥的。

◎《象》解释道：在沙滩上等待，说明九二中心宽绰不躁；虽然有些小的口舌是非，但最后会吉祥的。

【要诀】不计小失，乐观向上。

九三，需于泥，致寇至。

《象》曰：需于泥，灾在外也；自我致寇，敬慎不败也。

【译】九三，在泥沼中等待，招来了强盗。

◎《象》解释道：在泥沼中等待，灾害在外边；自己招来了强盗，只要小心谨慎，就不会失败。

【要诀】小心谨慎，妄作则败。

六四，需于血，出自穴。

《象》曰：需于血，顺以听也。

【译】六四，在血泊中等待，从洞穴中逃出来。

◎《象》解释道：在血泊中等待，是柔顺而听命于时势。

【要诀】临危不惧，以柔克刚。

九五，需于酒食，贞吉。

《象》曰：酒食贞吉，以中正也。

【译】九五，在酒食宴乐中等待，守正吉祥。

◎《象》解释道：在酒食宴乐中等待，是因为中正。

【要诀】诚信守正，富而不骄。

上六，入于穴，有不速之客三人来，敬之，终吉。

《象》曰：不速之客来，敬之终吉；虽不当位，未大失也。

【译】上六，落入陷穴中，有三个不请自到的客人来临，尊敬他们，最终会吉祥。

◎《象》解释道：来了不请自到的三个客人，尊敬他们最终会吉祥；虽然位置不当，但不至于遭受重大损失。

【要诀】忍让谦恭，化不利为有利。

需卦给我们的启示

1. 需卦阐述的是事业的草创时期。这个时期仍然是危机四伏、动荡不安，因此要有足够的耐心和恒心来等待有利的时机。不可急躁冒进，不可因别人的片言只语而动摇自己的信念。

2. 在困难和挫折面前，要镇定自若，甚至可以安心地饮食宴乐，以一种乐观的心态来等待有利的时机。当陷入危险时，千万不可逞强斗气，应当保持冷静的头脑，运用柔的法则，处世若水，随机应变，自能化险为夷。

讼卦第六
——蚁斗蜗争是非留

≡（坎下 乾上）

讼，有孚窒惕，中吉，终凶。利见大人，不利涉大川。

《彖》曰：讼，上刚下险，险而健，讼。讼，有孚窒惕，中吉，刚来而得中也；终凶，讼不可成也；利见大人，尚中正也；不利涉大川，入于渊也。

《象》曰：天与水违行，讼；君子以作事谋始。

【译】讼卦象征打官司，是诚信被窒塞，心有惕惧所致，持中不偏可获吉祥，始终争讼不息则有凶险。宜于见有德行与能力的人，不利渡过大河险阻。

◎《彖》解释道：讼卦上卦乾为刚健，下卦坎为险阻，险阻而又刚健有争讼。争讼是诚信被窒塞，心有惕惧所致，持中不偏可获吉祥，是刚爻来到下卦而居于中位。始终争讼不息则有凶险，是因为争讼不会有结果。宜于见有德行与能力的人，是崇尚中正。不利于渡过险阻的大河，说明恃刚乘险将进入到深渊中。

◎《象》解释道：上卦乾为天，下卦坎为水，天与水背道而驰，这就是讼卦。君子做事情在开始时就要谋划好。

【要诀】韬光养晦，隐忍自励。

初六，不永所事，小有言，终吉。

《象》曰：不永所事，讼不可长也；虽小有言，其辩明也。

【译】初六，不久缠于争讼事端，尽管会有小的口舌是非，最后会吉祥。

◎《象》解释道：不久缠于争讼事端，所以争讼的事情不能长期地坚持下去；即使有小的口舌是非，一经说明，还是可以明白的。

【要诀】处事果敢，和气致祥。

九二，不克讼，归而逋其邑；人三百户，无眚。

《象》曰：不克讼，归逋窜也；自下讼上，患至掇也。

【译】九二，官司败诉了，逃回家，在三百户人家的采邑中没有灾祸。

◎《象》解释道：官司败诉了，逃回家；九二居下与尊上争讼，灾患临头但及时躲避而又中止。

【要诀】遇事冷静，深自反省。

六三，食旧德，贞厉，终吉；或从王事，无成。

《象》曰：食旧德，从上吉也。

【译】六三，享用故旧的德业，守正以防危险，最终吉祥；或者也有从事政事的可能，但并无所成。

◎《象》解释道：享用故旧的德业，是说他有顺从上位的吉兆。

【要诀】主静毋动，隐忍自励。

九四，不克讼，复即命渝，安贞吉。

《象》曰：复即命渝，安贞不失也。

【译】九四，不能克胜讼事，返回到自己命定的分限，变得安分守己，吉祥。

◎《象》解释道：不能克胜讼事，变得安分守己，没有损失。

【要诀】顺其自然，怡然自乐。

九五，讼元吉。

《象》曰：讼元吉，以中正也。

【译】九五，君子听讼，明断曲直，大吉大利。

◎《象》解释道：君子听讼大吉大利，是因为既中又正。

【要诀】公正严明，不偏不激。

上九，或锡之鞶带，终朝三褫之。

《象》曰：以讼受服，亦不足敬也。

【译】上九，也许会得到赐赠服饰上鞶带的诰赏，但一天之内又多次被解下。

◎《象》解释道：因为诉讼而争取到诰命的服饰，也没有什么值得尊敬的。

【要诀】名不虚得，就实避虚，敦本务实。

讼卦给我们的启示

1. 讼卦阐释了在事业的初期，难免与人发生一些争执，引起诉讼。在处理争讼时，不要自以为有理而逞强，得理不饶人。行动过于刚强，会招来一些是非之争，会使自己的信誉蒙羞，从而对以后的事业不利。

2. 处理争讼上的事情时，宜于用平和化解恩怨，最不宜使诉讼拖延太久，以免最后弄得不可收拾。在争讼之前，要深思熟虑，自我批评一下最好。在争讼之时，得饶人处且饶人，为自己以后的事业打下"人和"的根基，从而在业界赢得广泛的"人和"。

師卦第七

——顿纲振纪重法度

☷ （坎下 坤上）

师，贞，丈人吉，无咎。

《彖》曰：师，众也；贞，正也；能以众正，可以王矣。刚中而应，行险而顺，以此毒天下，而民从之，吉又何咎矣！

《象》曰：地中有水，师；君子以容民畜众。

【译】师卦象征兵众，众而正，贤明长者统兵可获吉祥，没有危险。

◎《彖》解释道：师是众的意思，贞是正的意思。能带领部属走正路，就可以为王了。刚毅中正者上应其君，行进在险阻之中却能顺合正理，用这种方法来治理天下，民众自然会服从他，当然很吉祥了，还有什么危险呢！

◎《象》解释道：地中有水，这就是师卦；君子从中得到启示，要容纳人民，蓄聚群众。

【要诀】率众走正道，无往而不利。

初六，师出以律，否臧凶。

《象》曰：师出以律，失律凶也。

【译】初六，进行战争必须以严格的军纪来进行统制，否则不论胜败都会有凶险。

◎《象》解释道：进行战争必须以严格的军纪来进行统制，没有军纪就会有凶险。

【要诀】顿纲振纪，重视法度。

九二，在师，中吉，无咎，王三锡命。

《象》曰：在师中吉，承天宠也；王三锡命，怀万邦也。

【译】九二，统率兵众，持中不偏是吉祥的，没有灾难，而且还会得到君王不断的赏赐嘉奖。

◎《象》解释道：统率兵众，持中不偏是吉祥的，那是因为得到了天子的宠信。君王不断地赏赐嘉奖，是要怀服万邦。

【要诀】上下齐心，团结一致。

六三，师或舆尸，凶。

《象》曰：师或舆尸，大无功也。

【译】六三，出师可能拉着尸体回来，凶险。

◎《象》解释道：出师可能拉着尸体回来，完全没有功劳。

【要诀】任人唯贤，考虑周详。

六四，师左次，无咎。

《象》曰：左次无咎，未失常也。

【译】六四，军队撤退驻守，没有危险。

◎《象》解释道：军队撤退驻守，没有危险，说明没有失去用兵的常法。

【要诀】保存实力，深谋远虑。

六五，田有禽，利执言，无咎；长子帅师，弟子舆尸，贞凶。

《象》曰：长子帅师，以中行也；弟子舆师，使不当也。

【译】六五，田地里有禽兽，捕捉是有利的，没有灾祸。刚正长者可以率师出征，委任平庸小子必将载尸败北，守持正固以防凶险。

◎《象》解释道：刚正长者可以率师出征，是能以中道行事的原因；委任平庸小子必将载尸而归，是任用将领不当的原因。

【要诀】疑人不用，用人不疑。

上六，大君有命，开国承家，小人勿用。

《象》曰：大君有命，以正功也；小人勿用，必乱邦也。

【译】上六，国君颁布命令，或者分封诸侯，或者任命大夫，小人不可重用。

◎《象》解释道：国君颁布命令，是为了封赏功勋；小人不能重用，是因为重用他们会使国家产生动乱。

【要诀】重贤人，轻小人。

师卦给我们的启示

1. 师卦紧承讼卦而来，因为相互之间的争讼而导致了双方的战争。战争必然会带来流血和牺牲。但这是正义之争，是迫不得已而为之的。也正因为如此，才能得到人民群众真正的拥护，才能战无不胜。

2. 行军作战时，应该从大局考虑，不计一时的得失，应该君臣一心、上下一体，团结而拧成一股绳，这样才能取得战争的最终胜利。为师者应当德才兼备，能得众人的爱戴，为君者应当授之以权，任之以信，奖之以勋。

3. 对于当今社会，什么最重要？毫无疑问是人才。对于人才，我们每个人都知道它的重要性。可是在现实中应该怎样去任用人才，充分地发挥他们的潜力？这一卦对人们有很大的启示作用：疑人不用，用人不疑；重贤人，轻小人。

☷ 比卦第八 ☷
——端本正源川归海

䷇（坤下 坎上）

比，吉，原筮，元永贞，无咎。不宁方来，后夫凶。

《彖》曰：比，吉也；比，辅也，下顺从也。原筮，元永贞，无咎，以刚中也。不宁方来，上下应也。后夫凶，其道穷也。

《象》曰：地上有水，比；先王以建万国，亲诸侯。

【译】比卦象征亲密无间，吉祥。（在选择亲密比辅对象之前）推原占决其可比者，选择有德君长而永久不渝地守持正固，没有害处。不愿臣服的诸侯国前来依附，迟来的人有凶险。

◎《彖》解释道：比卦，是吉祥的；比，就是依附，是下级服从上级。（在选择亲密比辅对象之前）推原占决其可比者，选择有德君长而永久不渝地守持正固，没有害处，是有德君长刚毅中正的原因。心中不安宁才前来，是上与下能上下响应的缘故。后来的人有凶险，是因为迟缓使亲密比辅之道穷尽，无人与他亲近。

◎《象》解释道：下卦坤为地，上卦坎为水，地上有水就是比卦。先王根据这一卦的精神，封建了很多的诸侯国，使诸侯能相亲相附。

【要诀】择善而从之，从善当若流。

初六，有孚，比之，无咎；有孚盈缶，终来，有它，吉。

《象》曰：比之初六，有它吉也。

【译】初六，因有诚信使人前来依附，没有过失。诚信就好像是雨水充满了瓦缶，必然就会有人来依附他，吉祥。

◎《象》解释道：比卦的"初六"爻，有意外的吉祥。

【要诀】精诚团结，宽容为本。

六二，比之自内，贞吉。

《象》曰：比之自内，不自失也。

【译】六二，发自内心来依附，坚贞自守，吉祥。

◎《象》解释道：发自内心来依附，说明自己没有过失。

【要诀】相互依存，推心置腹。

六三，比之匪人。

《象》曰：比之匪人，不亦伤乎？

【译】六三，亲近不应该亲近的人。

◎《象》解释道：亲近不该亲近的人，不是很可悲的事吗？

【要诀】善与人交，不结匪类，黜邪崇正。

六四，外比之，贞吉。

《象》曰：外比于贤，以从上也。

【译】六四，向外比附，守持正可获吉祥。

◎《象》解释道：向外与贤明的人相亲近，是要追随比自己高尚的人。

【要诀】亲贤远佞，见贤思齐。

九五，显比，王用三驱，失前禽；邑人不诫，吉。

《象》曰：显比之吉，位正中也；舍逆取顺，失前禽也；邑人不诫，上使中也。

【译】九五，光明无私而广获亲附，君王用从三面张网的方法来狩猎，失去了前面的禽兽。邑国的人不受惊吓，吉祥。

◎《象》解释道：光明无私而广获亲附是吉祥的，是因为位置中正。舍弃背离的，容纳顺从的，如失去了前面的禽兽。邑国的人不受惊吓，是君王实行中正之道。

【要诀】端本正源，归之若水。

上六，比之无首，凶。

《象》曰：比之无首，无所终也。

【译】上六，依附却没有首领，凶险。

◎《象》解释道：依附却没有首领，终究没有好的结果。

【要诀】善始善终，终始若一。

比卦给我们的启示

1. 比卦阐释了相互依附、互相合作的一些原则，对我们很有启示作用。首先相互团结应该有一个可以依附的中心，也就是必须有一个有力的领导中心。这个能够作为领导中心的人物应该具有向心力、亲和力，能够团结大多数人到他的身边。

2. 作为一个优秀的领导，他应该从善如流，广行中正之道，严于律己而又能宽以待人。本着这种合乎中庸的原则，仁至义尽的态度，他的下属自会对他心存爱戴，从而他的决策就能达到不令而行的最佳妙境，他的事业自会蒸蒸日上。

3. 作为下属，作为一个集体中的一员，应当紧紧地团结在有德有才的领导中心周围，不能见异思迁，应该全始全终，为集体做出自己应有的，应当做的贡献。

☷ 小畜卦第九 ☷
——戮力齐心谋大道

☰☴（乾下 巽上）

小畜，亨。密云不雨，自我西郊。

《彖》曰：小畜，柔得位而上下应之，曰小畜。健而巽，刚中而志行，乃亨。密云不雨，尚往也；自我西郊，施未行也。

《象》曰：风行天上，小畜；君子以懿文德。

【译】小畜卦象征小有积蓄，亨通。浓云密布却不下雨，从我西面的郊外开始。

◎《彖》解释道：小畜卦，柔爻占据了正位，它上下的阳爻和它呼应，叫作小畜。阳爻刚健而阴爻谦逊，刚爻占中位，心志能推行，所以才亨通。浓云密布却不下雨，云向上去了。从我西面的郊外开始，雨没有降下，说明阴阳交和之功方施却未畅行。

◎《象》解释道：（乾下巽上，天下风上）风在天上吹，是小畜卦；君子用这种精神来蓄养文明的美德。

【要诀】为山九仞，不可功亏一篑。

初九，复自道，何其咎，吉。

《象》曰：复自道，其义吉也。

【译】初九，返回正道，没有什么害处，吉祥。

◎《象》解释道：返回正道，它的意义当然是吉祥的。

【要诀】身陷逆境而不易辙改弦。

九二，牵复，吉。

《象》曰：牵复在中，亦不自失也。

【译】九二，一起返回正道，吉祥。

◎《象》解释道：一起返回正道，又在中位，也是自己没有过失。

【要诀】众人同心，其利断金。

九三，舆说辐，夫妻反目。

《象》曰：夫妻反目，不能正室也。

【译】九三，大车脱落辐条，夫妻反目不和。

◎《象》解释道：夫妻反目不和，是不能使家庭关系合于正道的原因。

【要诀】同则谋，异则争。

六四，有孚，血去惕出，无咎。

《象》曰：有孚惕出，上合志也。

【译】六四，有孚信，于是脱离忧恤与惕惧，没有灾祸。

◎《象》解释道：有孚信于是脱出惕惧，是上面与自己心志相合的原因。

【要诀】心存警惕，诚信为本。

九五，有孚挛如，富以其邻。

《象》曰：有孚挛如，不独富也。

【译】九五，心怀孚信，紧密合作，连邻居都会一起富裕。

◎《象》解释道：心怀孚信，紧密合作，不是一家独富。

【要诀】君圣臣贤，国富民强。

上九，既雨既处，尚德载；妇贞厉，月几望；君子征凶。

《象》曰：既雨既处，德积载也；君子征凶，有所疑也。

【译】上九，密云已经降雨，阳气已经蓄止，高尚的功德已经圆满，可以用车子装载；妇人应该坚守正道以防止危险，要像月亮将圆而不过盈；此时君子如果继续前进，会有凶险。

◎《象》解释道：密云已经降雨，阳气已经蓄止，可以用车子装载，此时君子如果继续前进，会有凶险，是因为前进将使阳质被阴气凝聚统化。

【要诀】见好就收，不可贪多。

◉ 小畜卦给我们的启示 ◉

1. 本卦阐述的是怎样对待前进中的挫折和困惑，以及精诚合作等问题。在创业的过程中，有时会面临积蓄不足等一系列的问题。这时候千万不可中途退却，应该充分发挥领导的核心作用，依靠全体员工的共同努力，渡过难关。

2. 积蓄达到了一定的限度时，一定要注意坚守中正之道，要以更加精诚的态度，带领大家共同致富。这时如果产生骄奢的倾向，就会很危险。无论什么时候，都要坚守中正之道，以诚待人，不傲不骄，善于团结众人，才会不断地取得进步，事业才会长盛不衰，蒸蒸日上。

履卦第十
——正己守道无忧惧

（兑下 乾上）

履虎尾，不咥人，亨。

《彖》曰：履，柔履刚也；说而应乎乾，是以履虎尾，不咥人，亨。刚中正，履帝位而不疚，光明也。

《象》曰：上天下泽，履；君子以辩上下，安民志。

【译】履卦象征小心行动，小心行走在老虎尾巴之后，老虎却不咬人，亨通。

◎《彖》解释道：履卦，是阴柔小心行于刚强上。为处在上位的乾刚所喜，从而互相感应，所以说小心行走在老虎的尾巴之后，老虎却不咬人，亨通。以至刚至正自处，即使踏上帝王之位也不内疚，是由于光明正大的原因。

◎《象》解释道：（兑下乾上）上为天下为泽，这就是履卦；君子效法这一卦的精神，来明辨上下，安定民心。

【要诀】宽以待人，柔能克刚。

初九，素履往，无咎。

《象》曰：素履之往，独行愿也。

【译】初九，依朴素、端正的做法去履行，前往没有灾祸。

◎《象》解释道：依朴素、端正的做法履行、前往，也就是按自己的意愿（符合道义与礼的意愿）去行事。

【要诀】恪守本志，矢志不移。

九二，履道坦坦，幽人贞吉。

《象》曰：幽人贞吉，中不自乱也。

【译】九二，前进的道路平坦宽阔，幽静安恬的人，能够坚守中正，自然吉祥。

◎《象》解释道：幽静安恬的人坚守中正，所以吉祥，是因为具有内心清静而不自乱的品质。

【要诀】非淡泊无以明志，非宁静无以致远。

六三，眇能视，跛能履；履虎尾，咥人，凶；武人为于大君。

《象》曰：眇能视，不足以有明也。跛能履，不足以与行也。咥人之凶，位不当也。武人为于大君，志刚也。

【译】六三，目盲强视，脚跛强行，行走在老虎的尾巴之后，老虎咬人，凶险。有武人做大君的征兆。

◎《象》解释道：目盲的人即使强看，还是不能看得清楚明白。一只脚跛的人，虽然能够侧重于另一面行走，但是不能走长路。老虎咬人是凶险的，是因为所处的位置不当。武人要做大君，是说他的志行很刚强。

【要诀】笃守正道，切忌专权。

九四，履虎尾，愬愬，终吉。

《象》曰：愬愬终吉，志行也。

【译】九四，小心走在老虎的尾巴之后，只要小心谨慎，终究会吉祥。

◎《象》解释道：只要小心谨慎，终究会吉祥，是因为循正道的志向可以施行。

【要诀】小心驶得万年船。

九五，夬履，贞厉。

《象》曰：夬履贞厉，位正当也。

【译】九五，果断刚决，守正防危。

◎《象》解释道：行为果断刚决，守正防危是因为这一爻的位置处在（九五的）中心。

【要诀】福中藏祸，居上守正。

上九，视履考祥，其旋，元吉。

《象》曰：元吉在上，大有庆也。

【译】上九，回顾小心行走的历程，考察祸福得失的征祥，周行无亏，则大吉大利。

◎《象》解释道：大吉大利在上位，大有喜庆。

【要诀】实事求是，不偏不倚。

🌼 履卦给我们的启示 🌼

1. 履卦和小畜卦都是一阴五阳之卦。小畜卦阴爻在第四爻上，处外卦，以柔蓄刚，主要在制人；而履卦阴爻在第三爻上，处内卦，主要在修己。《易经》的主要精神在于劝人向上，有所作为，所以很多时候阐述的是扬刚抑柔的原则。但同时也注意到了阳刚喜动好勇的缺陷。履卦给我们的启示也正在于此。它告诫人们做事应当不偏不倚，保持中和。

2. 创立事业是一个艰辛的过程。在这个过程中，一方面要正己修身，保持恬静的心境，注意个人修养的磨砺；另一方面在处理各种社会关系时，应该做到刚中有柔，柔中有刚。遇到不顺时，要能从自身找原因，也就是看看自己是否走在正道上，即"视履考祥"。如果能做到走正路，处正位，加上小心谨慎，自会一路吉祥，也就是本卦所说的"愬愬终吉"。

泰卦第十一
——权时制宜知进退

⚊⚊ （乾下 坤上）

泰，小往大来，吉，亨。

《彖》曰：泰，小往大来，吉，亨。则是天地交而万物通也，上下交而其志同也。内阳而外阴，内健而外顺，内君子而外小人；君子道长，小人道消也。

《象》曰：天地交，泰；后以财成天地之道，辅相天地之宜，以左右民。

【译】泰卦象征通达，小的离去大的到来，吉祥亨通。

◎《彖》解释道：泰卦，小的离去大的到来，吉祥亨通。这是天地之气相互交感，万物得到亨通的缘故；上下相互交感，心志能够同一。内卦阳刚而外卦阴柔，内里强健而外表柔顺，君子在内而小人在外，君子之道在生长，小人之道在消退。

◎《象》解释道：天地互相交合，象征通达，君子从中得到启示，悟出天地的法则，在天下推行天地的法则，来指导人民。

【要诀】上下齐心，无坚不摧。

初九，拔茅茹以其汇，征吉。

《象》曰：拔茅征吉，志在外也。

【译】初九，拔出茅草，牵连着他的同类，出征吉祥。

◎《象》解释道：拔出茅草，出征吉祥，是说他的志向向外发展。

【要诀】积极进取，因时而动。

九二，包荒，用冯河，不遐遗；朋亡，得尚于中行。

《象》曰：包荒，得尚于中行，以光大也。

【译】九二，犹如天地包容八荒，用这种胸襟可渡长河，也可广纳远方贤者，不结党营私，能得到行事中正的君王赏识。

◎《象》解释道：天地包容八荒，能得到行事中正的君王赏识，因为光明正大的原因。

【要诀】包山容海，大家风范。

九三，无平不陂，无往不复；艰贞，无咎；勿恤其孚，于食有福。

《象》曰：无往不复，天地际也。

【译】九三，没有总是平地而没有坎坷的，没有总是前进而不回来的；不忘艰险，坚持正道可以无过失；不要忧伤，要建立孚信，自有食享福禄。

◎《象》解释道：没有总是前进而不回来的，是说（这一爻）处在天地交接的边际。

【要诀】时刻警惕，未雨绸缪。

六四，翩翩，不富以其邻；不戒以孚。

《象》曰：翩翩不富，皆失实也；不戒以孚，中心愿也。

【译】六四，翩翩然轻举妄动，不能保有财富，但与邻里互相感应而得信赖，所以不必加以警戒也能得到孚信。

◎《象》解释道：翩翩然轻举妄动，不能保有财富，说明上卦阴爻都损去了殷实。不必加以警戒也能得到孚信，说明阴爻内心均有应下的意愿。

【要诀】互帮互助，风雨同舟。

六五，帝乙归妹，以祉，元吉。

《象》曰：以祉元吉，中以行愿也。

【译】六五，帝乙嫁妹，以此得福，大吉大利。

◎《象》解释道：以此得福，大吉大利，是行中道实行自己的心愿。

【要诀】选贤与能，广开才路。

上六，城复于隍，勿用师；自邑告命，贞吝。

《象》曰：城复于隍，其命乱也。

【译】上六，城墙倒塌在城壕里，不要用兵。自行减损曲诰政令，守持正固以防憾惜。

◎《象》解释道：城墙倒塌在城壕里，说明上六的发展趋向已经错乱转化。

【要诀】审时度势，灵活应对。

❀ 泰卦给我们的启示 ❀

1. 创业固然艰难，可是守成更加地不易。不可因为小有成就就自满，更不可因为形势大好，一切皆成定局而只顾安逸享乐。居安思危，安不忘危，才能不断前进。《易经》的整体精神是导人向上，奋发进取。虽然物极必反，矛盾双方是相互转化的，事物的发展是以波浪式前进的，但只要我们主动地去认识这些规律，把握这些规律，运用这些规律，一定能够除害兴利，使《易经》的真谛更好地为人类服务。

2. 国有人才能兴邦，家有人才能耀祖。在创业的起始阶段人才固然重要，可是当事业鼎盛时，不少人往往认为时局已定，可以坐享其成，变得专制跋扈起来，这可以从很多史实中找到佐证。这一卦给我们的启示是深刻的，广纳人才无论何时都应该是领导者的第一要务。

否卦第十二
——志洁行芳黑白明

（坤下 乾上）

否之匪人，不利君子贞，大往，小来。

《彖》曰：否之匪人，不利君子贞，大往，小来，则是天地不交，而万物不通也，上下不交，而天下无邦也。内阴而外阳，内柔而外刚，内小人而外君子，小人道长，君子道消也。

《象》曰：天地不交，否；君子以俭德辟难，不可荣以禄。

【译】否卦象征闭塞，小人做坏事，天下不得其利，君子独能守正不苟合于"否"道，此时刚大的离去柔小的进入。

◎《彖》解释道：小人做坏事，天下不得其利，君子独能守正不苟合于"否"道，此时刚大的离去柔小的进入，这时天地之气不能交感流通，万物就不会得到亨通；上下不能相通交感，天下就不会有像样的邦国。内里阴柔而外表刚强，内里是小人而外表是君子，小人之道在增长，君子之道在消退。

◎《象》解释道：天地之气不能相互交感，这就是否卦；君子用崇尚俭德的隐退来避开祸难，不可以去追求利禄，谋取荣华富贵。

【要诀】识时务，知进退。

初六，拔茅茹以其汇，贞吉，亨。

《象》曰：拔茅贞吉，志在君也。

【译】初六，拔出茅草牵连出了它的同类，这样非常吉祥、亨通。

◎《象》解释道：拔出茅草，这样做吉祥，是心里想着君王的缘故。

【要诀】处下而思上。

六二，包承，小人吉，大人否，亨。

《象》曰：大人否亨，不乱群也。

【译】六二，包容承受，小人吉利，君子闭塞，亨通。

◎《象》解释道：君子闭塞，亨通，是不乱群的原因。

【要诀】存身明哲，是非分明。

六三，包羞。

《象》曰：包羞，位不当也。

【译】六三，恃他人的包容而为非作歹，终致羞辱。

◎《象》解释道：恃他人的包容而为非作歹，终致羞辱，是所处的位置不当。

【要诀】提高警惕，防止危害。

九四，有命，无咎，畴离祉。

《象》曰：有命无咎，志行也。

【译】九四，奉行扭转否道的天命，没有灾祸，众人依附同享福禄。

◎《象》解释道：奉行扭转否道的天命，没有灾祸，心愿能够实行。

【要诀】面对艰险，善借外力。

九五，休否，大人吉；其亡其亡，系于苞桑。

《象》曰：大人之吉，位正当也。

【译】九五，闭塞休止，君子吉祥；（心中时时自警）要灭亡了，要灭亡了，就会像系结在桑树的根上一样牢靠。

◎《象》解释道：君子的吉祥，是由于所处的位置得当。

【要诀】祸去福归，仍需谨慎。

上九，倾否，先否后喜。

《象》曰：否终则倾，何可长也？

【译】上九，闭塞的状况要倾覆，先闭塞后喜悦。

◎《象》解释道：否卦到了终点就会倾覆，怎么能够长久？

【要诀】尊重规律，重视人力。

否卦给我们的启示

1. 泰到否，物极必反，事物就是这样对立而又统一地运动着。这一卦向我们生动地揭示了这种规律，从而指导人们运用这种规律，把握自身的命运。外在的形势是客观的，有时不以人的意志为转移，但人能够积极地运用规律，充分发挥主观能动性，从而趋利避害，远祸全身，不断取得成功。

2. 因为事物的发展是千变万化、复杂多变的，有向各种方向发展的可能。事物的发展达到一定的量时，就会产生相应的质变。因此我们要善于观察形势，认清形势，从而避开灾祸，使事情向好的方向发展。保持一定的危机意识对这种转化是大有裨益的。

同人卦第十三

——求同存异休戚共

（离下　乾上）

同人于野，亨；利涉大川，利君子贞。

《彖》曰：同人，柔得位得中而应乎乾，曰同人。同人曰：同人于野，亨，利涉大川，乾行也。文明以健，中正而应，君子正也。唯君子为能通天下之志。

《象》曰：天与火，同人；君子以类族辨物。

【译】同人卦象征与人和睦相处，在野外聚集众人，亨通；有利于渡过险阻的大河，有利于真正的君子。

◎《彖》解释道：同人卦，柔顺得到正位且在中位，向上与乾天相呼应，所以叫同人卦。同人的卦辞说：在野外聚集众人，亨通。有利于渡过险阻的大河，这是乾的运行。上卦乾为天，文明而刚健，且居中正之位与下相应，这是君子端正的表现。只有君子才能沟通天下人的心志。

◎《象》解释道：上卦乾为天，下卦离为火，这是同人卦；君子从中得到启示，对天下的万物要按族归类，又要按物加以分别。

【要诀】同中求异，异中取同。

初九，同人于门，无咎。

《象》曰：出门同人，又谁咎也？

【译】初九，刚出门口就能与人和睦，没有灾祸。

◎《象》解释道：刚出门口就能与人和睦，谁能有灾祸呢？

【要诀】相处以诚，不存偏见。

六二，同人于宗，吝。

《象》曰：同人于宗，吝道也。

【译】六二，只与同一宗族的人同心同德，有过失。

◎《象》解释道：只与同一宗族的人同心同德，是鄙吝之道。

【要诀】唯才是举，心胸宽广。

九三，伏戎于莽，升其高陵，三岁不兴。

《象》曰：伏戎于莽，敌刚也；三岁不兴，安行也。

【译】九三，把军队隐藏在密林草丛中，还登上高陵频频察看，但三年都不敢发兵。

◎《象》解释道：把军队隐藏在密林草丛中，是因为敌方刚强。三年不能发兵，是安于本位的行动。

【要诀】德之及处，纷扰自解。

九四，乘其墉，弗克攻，吉。

《象》曰：乘其墉，义弗克也；其吉，则困而反则也。

【译】九四，登上敌方城墙，但是又自退不能进攻，吉利。

◎《象》解释道：登上敌方城墙，从道义上不能发动进攻，吉利，是因为受困后能返回到正道上来。

【要诀】知错能改，善莫大焉。

九五，同人，先号咷而后笑，大师克，相遇。

《象》曰：同人之先以中直也；大师相遇，言相克也。

【译】九五，聚集众人在一起，先号咷大哭，后放声大笑，大部队进攻胜利后相遇。

◎《象》解释道：聚集众人在一起，先号咷大哭，这是说它中心正直。大部队能够相遇，是说已经克敌制胜了。

【要诀】两方相争义者胜。

上九，同人于郊，无悔。

《象》曰：同人于郊，志未得也。

【译】上九，在郊外聚集众人，不会后悔。

◎《象》解释道：在郊外聚集众人，是没有得志的迹象。

【要诀】一处不就乃谋他方。

同人卦给我们的启示

1. 同人卦所要阐述的是同中有异，异中有同，同中有辨，异中有争的道理。同人交往，与人合作，应该符合道义的原则，不能相互欺骗。以道义为基础的合作与联盟，犹如走正道，行坦途，是没有什么颠覆之危的。

2. 为了使相互的合作达到最佳的境界，合作双方应该排除一家、一族乃至一国的偏见，求同存异，重视大同，不计较小异，于相异处找出共同点来，积极主动地广交天下朋友，才能做到无往而不胜。

3. 事物是复杂多样的，与人求同，并不是无原则、无条件地求同。在求同的同时应该存异，既不能与小人同流合污，沆瀣一气，又不能因相异而导致相互攻击，走上极端。另外，清高自诩、孤芳自赏也是不值得赞扬的。

大有卦第十四
——论富有之道

▤ （乾下 离上）

大有，元亨。

《彖》曰：大有，柔得尊位，大中，而上下应之，曰大有。其德刚健而文明，应乎天而时行，是以元亨。

《象》曰：火在天上，大有；君子以遏恶扬善，顺天休命。

【译】大有卦象征大有收获，至为亨通。

◎《彖》解释道：富有，阴柔者居于尊位，大而得中，上下阳刚与它相应，称为富有。它的品德刚健而文明，能够顺应自然规律，适时行事，所以是至为亨通的。

◎《象》解释道：火在天上，象征富有。君子此时要遏止邪恶，发扬善行，顺应天道，不违天命。

【要诀】富而不骄，发扬善行。

初九，无交害，匪咎，艰，则无咎。

《象》曰：大有初九，无交害也。

【译】初九，不涉及利害，没有过错，仍然要不忘艰难，才能免除过错。

◎《象》解释道：大有卦"初九"爻，不涉及利害。

【要诀】慎终如始，不忘创业之艰难。

九二，大车以载，有攸往，无咎。

《象》曰：大车以载，积中不败也。

【译】九二，有大车运载财富，有所前往，必无过失。

◎《象》解释道：有大车运载财富，积累于其中，不会失败。

【要诀】虚心学习，富而有知。

九三，公用亨于天子，小人弗克。

《象》曰：公用亨于天子，小人害也。

【译】九三，公侯向天子致敬献贡，小人难当此大任。

◎《象》解释道：公侯向天子致敬献贡，小人当此大任时必然为害。

【要诀】有礼有节，明智谦虚。

九四，匪其彭，无咎。

《象》曰：匪其彭，无咎，明辨晢也。

【译】九四，富有而不过盛，没有过错。

◎《象》解释道：富有不过盛则无过错，说明"九四"具有明辨事理的智慧。

【要诀】富而不盛，物极必反。

六五，厥孚交如，威如，吉。

《象》曰：厥孚交如，信以发志也；威如之吉，易而无备也。

【译】六五，以诚信交接，威严庄重，吉祥。

◎《象》解释道：以诚信交接，以自己的诚信启发他人的忠信之心。威严庄重是吉祥的，威严是在平易近人中显示的，无须防范戒备。

【要诀】诚信待人，平易近人。

上九，自天祐之，吉无不利。

《象》曰：大有上吉，自天祐也。

【译】上九，得到来自上天的保佑，吉祥，无所不利。

◎《象》解释道：大有卦上有九爻的吉祥，是由于得到来自上天的保佑。

【要诀】谦虚谨慎，能保长久。

❀大有卦给我们的启示❀

1. 拥有财富后要谦虚谨慎，注重知识修养，不仅可以保住自己的财富，还可以使自己立于不败之地。拥有知识可以使你拥有更多的财富，使你的事业步步高升。

2. 人富了之后，不能忘记创业的艰难，不能忘记贫穷的过去，更不能为富不仁。如果人富有之后，能明辨事理，发扬善行，多做善事，一定会有更大的回报。诚实守信，可以让你财源滚滚而来，得到更多人的支持与帮助。

谦卦第十五

——谦虚是美德

（艮下 坤上）

谦，亨，君子有终。

《彖》曰：谦，亨，天道下济而光明，地道卑而上行。天道亏盈而益谦，地道变盈而流谦，鬼神害盈而福谦，人道恶盈而好谦。谦尊而光，卑而不可逾，君子之终也。

《象》曰：地中有山，谦；君子以裒多益寡，称物平施。

【译】谦卦象征谦虚，亨通，君子有好的结局。

◎《彖》解释道：谦虚则亨通。天的规律是下济万物而天体却愈加光明，地的规律是低处卑下而地气却源源上升。天的规律是亏损满的，补益虚的；地的规律是倾陷满的，充实虚的；鬼神的规律是危害满的，加福于虚的；人类的规律是厌恶满的，喜好虚的。谦虚的人居于尊位时，其道德更加光大；处于卑位时，其品行也不可逾越。只有君子能够始终保持谦虚。

◎《象》解释道：地下藏着高山，象征谦虚。君子因此取多补少，称量财物，平均分配。

【要诀】谦虚如一，君子之道。

初六，谦谦君子，用涉大川，吉。

《象》曰：谦谦君子，卑以自牧也。

【译】初六，君子谦而又谦，用以涉越大河，吉祥。

◎《象》解释道：谦而又谦的君子，能够以谦卑之道自我修养。

【要诀】韬光养晦，大有作为。

六二，鸣谦，贞吉。

《象》曰：鸣谦贞吉，中心得也。

【译】六二，有名而谦，守持正固可获吉利。

◎《象》解释道：谦虚的名声远扬，坚持正道可获吉祥，说明六二靠中心纯正赢得名声。

【要诀】谦虚为怀，坚持正道。

九三，劳谦君子，有终，吉。

《象》曰：劳谦君子，万民服也。

【译】九三，有功而谦，君子有好的结果，吉祥。

◎《象》解释道：有功劳而又谦虚的君子，人人都敬服。

【要诀】劳谦君子，人人敬服。

六四，无不利，㧑谦。

《象》曰：无不利，㧑谦，不违则也。

【译】六四，无不顺利，发挥其谦虚的美德。

◎《象》解释道：没有不利于发挥谦德的，因为这样做不违背法则。

【要诀】谦虚不要过度。

六五，不富以其邻，利用侵伐，无不利。

《象》曰：利用侵伐，征不服也。

【译】六五，虚怀可左右周围的人，宜用讨伐（惩治），无所不利。

◎《象》解释道：宜于出征讨伐，因为这是征伐不服从的骄横者。

【要诀】桃李不言，下自成蹊。

上六，鸣谦，利用行师，征邑国。

《象》曰：鸣谦，志未得也；可用行师，征邑国也。

【译】上六，有名望而又谦虚，（这样才）宜于出兵，讨伐小国。

◎《象》解释道：谦虚的名声远扬，然而其志向没有实现。可以出兵，然而只能征讨附近的小国。

【要诀】谦虚宽容，刚柔相济。

谦卦给我们的启示

1. 谦虚是一种美德，是一种修养。大度才能旷达，谦虚可以使人不断进步。谦卦安排在大有卦之后，也很有意思：富有骄人是世间常态，然而越是富有越要谦虚。大获所有，到了一定极限就要满盈，就要走向其反面而衰败。为了防止因满盈而衰败，必须谦虚。

2. "满招损，谦受益"，《尚书》中的这句古语，已经成为至理名言了。从初涉人世的青年到饱经世故的老人，对这句话都会有切身的体验。谦虚处世，必致亨通。谦虚者皆乐于与他共事。有一分谦虚，必然有一分受益处。不仅事业上能够得到他人之助，精神上也能得到与人融洽相处的快乐。

3. 越是精神贫乏的人越是骄矜浮躁，越是内心充实的人越是谦逊深沉。谦虚是每一个对主客观世界孜孜探求的人所自然形成的品性。

☷ 豫卦第十六 ☷
——生于忧患，死于安乐

 （坤下 震上）

豫，利建侯行师。

《彖》曰：豫，刚应而志行，顺以动，豫。豫顺以动，故天地如之，而况建侯行师乎？天地以顺动，故日月不过而四时不忒；圣人以顺动，则刑罚清而民服。豫之时义大矣哉！

《象》曰：雷出地奋，豫；先王以作乐崇德，殷荐之上帝，以配祖考。

【译】豫卦象征欢乐愉快，宜于封建侯国及用兵作战。

◎《彖》解释道：欢乐，这里指阳刚与阴柔相应，意愿得以实现，顺应情理而动，就感到欢乐。欢乐，顺应情理而动，所以连天地的运行都是如此，何况建立诸侯、出师征战这些事呢？天地顺应物理而动，所以日月运转不致失误，四时更替不出差错。圣人顺应民情而动，所以刑罚清明，民众服从。欢乐的意义真大啊！

◎《象》解释道：雷声发出，大地振奋，象征欢乐。先王因此制作音乐，用来赞美功德，以盛大的典礼奉献给天地，并让祖先的神灵配享。

【要诀】小心谨慎，顺势而动。

初六，鸣豫，凶。

《象》曰：初六鸣豫，志穷凶也。

【译】初六，欢乐得自鸣得意，将有凶险。

◎《象》解释道："初六"因欢乐而自鸣得意，说明欢乐之志穷极，会有凶险。

【要诀】取之不义，终将失去。

六二，介于石，不终日，贞吉。

《象》曰：不终日贞吉，以中正也。

【译】六二，坚贞如磐石，不待终日，守持正固可得吉。

◎《象》解释道：不等候一天终竟（就悟知欢乐必须适中的道理），坚守正道可获吉祥，因为"六二"居中得正。

【要诀】不贪安乐，不忘功业。

六三，盱豫，悔；迟，有悔。

《象》曰：盱豫有悔，位不当也。

【译】六三，仰视（媚颜）为乐，将有悔；迟疑不决，亦有悔。

◎《象》解释道：献媚讨好以求安乐，必生悔恨，说明"六三"居位不当。

【要诀】自强自立，白手起家。

九四，由豫，大有得；勿疑，朋盍簪。

《象》曰：由豫，大有得，志大行也。

【译】九四，人们由于它而得到欢乐，大有收获；勿需疑虑，朋友聚合如簪子收束头发。

◎《象》解释道：人们靠它得到欢乐，大有所获，说明它的志向可以充分实现。

【要诀】用人不疑，疑人不用。

六五，贞疾，恒不死。

《象》曰：六五贞疾，乘刚也；恒不死，中未亡也。

【译】六五，守持正固防备疾病，必将长久康健。

◎《象》解释道："六五"守持正固防备疾病，因为它乘于阳刚；经久不死，因为它还没有失去中道。

【要诀】沉溺安乐，大权旁落。

上六，冥豫成，有渝，无咎。

《象》曰：冥豫在上，何可长也？

【译】上六，已形成昏冥纵乐的恶果，及早改正则没有灾祸。

◎《象》解释道：昏昧纵乐居上位，怎能保持长久呢？

【要诀】迷途知返，改过自新。

豫卦给我们的启示

1. "生于忧患，死于安乐"是至理名言。不过，只要能认清沉溺安乐的危害，以安乐为忧患，仍然可以从死中求生，重获新生。安适的环境容易使人产生骄傲奢侈的心理，所以要想成功必须保持清醒的头脑。如果没有忧患意识，很难有大作为。

2. 豫卦指示我们，要顺理而动，使天下同归于安乐，这是我们应有的安乐观。至于如何致安乐、如何处安乐的道理，都包括在这样的安乐观之中。如何正确对待逆境，也是我们思考的问题。聪明人自我奋斗，勇于战胜困难，终会获得成功的。

3. "豫"处理好了就是好事，处理不好就是坏事。一个人犯了错不要紧，如果能知错就改，仍然能有所成；反之，执迷不悟，一错再错就不可救药了。

随卦第十七
——交际的艺术

（震下 兑上）

随，元亨，利贞，无咎。

《彖》曰：随，刚来而下柔，动而说，随。大亨贞无咎，而天下随时。随时之义大矣哉！

《象》曰：泽中有雷，随；君子以向晦入宴息。

【译】随卦象征随从、随和，开始即通达而宜于守正，没有灾祸。

◎《彖》解释道：随从，阳刚能前来居于阴柔之下，有所行动一定使人悦服，乐于随从。坚守大亨通的正道不会有过错，天下人都会适时地来随从。适时地随从，意义很大啊！

◎《象》解释道：大泽中响起雷声，象征随从。君子因此随着天时在傍晚时入室休息。

【要诀】团结协作，共同成功。

初九，官有渝，贞吉；出门交，有功。

《象》曰：官有渝，从正吉也；出门交有功，不失也。

【译】初九，思想观念随时改善，选择正直的一方可获吉祥；出门有所交遇，互相帮助有好处。

◎《象》解释道：思想观念随时改善，随从正道可获吉祥；出门交往能够成功，说明"初九"的行为没有过失。

　　【要诀】择善而从。

六二，系小子，失丈夫。

　　《象》曰：系小子，弗兼与也。

　　【译】六二，依从年轻小子，失去了丈夫。

　　◎《象》解释道：依从年轻小子，不能同时与多方亲近。

　　【要诀】权衡利弊，慎重选择。

六三，系丈夫，失小子，随有求，得，利居贞。

　　《象》曰：系丈夫，志舍下也。

　　【译】六三，依从丈夫，失去年轻小子，随从别人，有求而得，利于居家守正。

　　◎《象》解释道：依从丈夫，意在舍弃后面的年轻小子。

　　【要诀】大局为重，敢于放弃。

九四，随有获，贞凶；有孚在道以明，何咎？

　　《象》曰：随有获，其义凶也。有孚在道，明功也。

　　【译】九四，"九四"被"六三"随从而有所获，守持正固以防凶；（然而）存诚信而守正道，立身光明磊落，有什么灾祸呢？

　　◎《象》解释道：被人随从而有所获，它的意义定有凶险。心怀诚信，合乎正道，这是做事光明磊落的功效。

　　【要诀】守正防凶，无愧于心。

九五，孚于嘉，吉。

《象》曰：孚于嘉吉，位正中也。

【译】九五，存诚于善美，吉祥。

◎《象》解释道：真诚地随从于嘉言善行，吉祥，因为"九五"的位置处于正中。

【要诀】从善如流。

上六，拘系之，乃从；维之，王用亨于西山。

《象》曰：拘系之，上穷也。

【译】上六，遭囚禁强令附从，于是顺服相随，再用绳索拴紧，（为此）大王出师讨逆祭享于西山。

◎《象》解释道：被拘禁起来，说明在最后阶段随从之道已经到了穷尽的地步了。

【要诀】诚意感召，以德服人。

❀ 随卦给我们的启示 ❀

1. 作为领导者，重要的是不用威权，而一定要以德服人，这样才是正确的策略。许多人就是这样成功的，这样做的目的是可以让更多的人团结在你的周围，不会误入歧途，并且会得到更多人的帮助。

2. 随卦集中展示了人际关系中以正相随的宗旨。随卦六爻，其中"初九"是刚下于柔，"九五"是居尊中正，最能体现竭诚从善的"随"之正道，其余四爻，情况各有不同，或有得有失，或守正才能防凶，或被制方可从正。本卦从正、反两方面，从各种不同角度反映"随从"这一行为的得失利弊和相应对策，是古人处世修身经验的宝贵结晶。

3. 选择的学问也不少。我们可以自由选择，但是必须慎重。因为选择一经做出，结果就不同了。我们一方面要考虑现实，另一方面还要考虑未来。在决策阶段，要三思而后行，这样才能获得最大的回报。

蛊卦第十八
——革清弊政

（巽下 艮上）

蛊，元亨，利涉大川；先甲三日，后甲三日。

《彖》曰：蛊，刚上而柔下，巽而止，蛊。蛊元亨而天下治也。利涉大川，往有事也。先甲三日，后甲三日，终则有始，天行也。

《象》曰：山下有风，蛊；君子以振民育德。

【译】蛊卦象征救弊治乱，始即亨通顺利，宜于涉越大河，（当以）甲前三日，甲后三日（为宜）。

◎《彖》解释道：蛊乱，由于上下刚柔不交，柔顺而又遇阻，就形成了蛊乱。除弊治乱，至为亨通，意味着天下大治。利于涉越大河，说明治蛊要勇往直前，有所作为。预先深虑救弊治乱前的事状，详为辨析，引为鉴戒；再推求治乱后必将出现的事态，制定措施，谨慎治理，说明旧的告终，于是新的开始。这是大自然的运行规律。

◎《象》解释道：山下吹来大风，象征整治蛊乱；君子因此振奋民众精神，培养道德风尚。

【要诀】冷静分析，革除弊病。

初六，干父之蛊，有子，考无咎，厉终吉。

《象》曰：干父之蛊，意承考也。

【译】初六，匡正父亲的过失，有这样的儿子，（则父亲）没有灾祸，虽有危险，最终得吉。

◎《象》解释道：解决父辈留下的弊病，意在继承先父之志。

【要诀】改革创新，不因循守旧。

九二，干母之蛊，不可贞。

《象》曰：干母之蛊，得中道也。

【译】九二，匡正母亲的过失，情势难行时不可固执守正。

◎《象》解释道：解决母亲的弊病，应该掌握刚柔适中的原则。

【要诀】刚柔适中，清除弊端。

九三，干父之蛊，小有悔，无大咎。

《象》曰：干父之蛊，终无咎也。

【译】九三，匡正父亲的过失，虽多少有些后悔，（但却）无大过。

◎《象》解释道：整治父亲的弊病，终究不会有过失的。

【要诀】适时调整，方为正道。

六四，裕父之蛊，往见吝。

《象》曰：裕父之蛊，往未得也。

【译】六四，宽容父亲的过错，前往会感到羞辱。

◎《象》解释道：宽容父亲的过错，长此以往，必然不得治弊之道。

【要诀】姑息宽容，后患无穷。

六五，干父之蛊，用誉。

《象》曰：干父用誉，承以德也。

【译】六五，匡正父亲的过失，备受称誉。

◎《象》解释道：匡正父亲的弊乱而受称誉，说明六五能用美德来继承先业。

【要诀】以德化人，功在千秋。

上九，不事王侯，高尚其事。

《象》曰：不事王侯，志可则也。

【译】上九，不为王侯的事业，高尚自守其事。

◎《象》解释道：不为王侯的事业，说明"上九"的高洁的志向值得效法。

【要诀】功成身退，明哲保身。

🔅 蛊卦给我们的启示 🔅

1. 如何惩治腐败，确实是一个难题，需要我们付出很多艰辛的努力。由乱变治，由害转亨，只是客观的可能性。将可能变为现实，还需要主观能动性发挥作用。腐败现象必须下大决心坚决整治，必须奋力冲破障碍，要有涉险济难的精神，才能转乱为治。

2. 拨乱反正毕竟是一场艰苦的斗争，需要有"涉大川"的勇气、决心和魄力。不能手软，不能轻易放弃，不能虎头蛇尾，否则所有的努力会付诸东流。

3. 惩治腐败不仅需要有济险犯难的极大勇气，还要有周密的谋划、贯彻始终的科学精神，开始之前要进行调查研究，做充分的准备；在开始以后更要坚决地监督执行，随时地补救缺失。这样才能真正地惩治腐败，根治腐败。

临卦第十九

——领导的艺术

亖（兑下　坤上）

临，元亨，利贞。至于八月有凶。

《彖》曰：临，刚浸而长，说而顺，刚中而应，大亨以正，天之道也。至于八月有凶，消不久也。

《象》曰：泽上有地，临；君子以教思无穷，容保民无疆。

【译】临卦象征督导，开始亨通顺利，利于守正。到八月将有凶事。

◎《彖》解释道：以上临下，说明此时阳刚之气逐渐增长，万物喜悦而顺从，刚健者居中而上下相应，由于坚持正道而获大亨通，这是自然的法则。到了八月将有凶险，这是因为阳气消减，好运不能长久。

◎《象》解释道：水泽上有土地，象征以上临下。君子因此要教化、关心民众，永无穷尽；要包容、保护百姓，永无止境。

【要诀】以德服人，以德亲民。

初九，咸临，贞吉。

《象》曰：咸临贞吉，志行正也。

【译】初九，以感化之心而临民，守持正固则吉。

◎《象》解释道：以感化的方法统御民众，坚持正道可得吉祥，说明"初九"的思想行为端正。

63

【要诀】其身正，不令而行。

九二，咸临，吉，无不利。

《象》曰：咸临吉，无不利，未顺命也。

【译】九二，以感化而临民，吉祥，无所不利。

◎《象》解释道：以感化的方法统御民众，会得到吉祥，无所不利，因为这时民众还没有顺从命令。

【要诀】重在感化，注意协调。

六三，甘临，无攸利；既忧之，无咎。

《象》曰：甘临，位不当也；既忧之，咎不长也。

【译】六三，只凭甜言蜜语统御民众是没有利的。已知此而忧之，则无灾祸。

◎《象》解释道：靠花言巧语统御民众，说明"六三"居位不当。知道忧虑而改正，过错就不会长久。

【要诀】言出必行，讲究诚信。

六四，至临，无咎。

《象》曰：至临无咎，位当也。

【译】六四，下临民情，则无灾。

◎《象》解释道：亲临现场统御民众，没有过错，说明"六四"居位正当。

【要诀】平易近人，心悦诚服。

六五，知临，大君之宜，吉。

《象》曰：大君之宜，行中之谓也。

【译】六五，以聪明睿智统御民众，懂得大君之所宜，吉祥。

◎《象》解释道：伟大的君主应该如此，是说"六五"应该实行中道。

【要诀】选贤任能，任人唯贤。

上六，敦临，吉，无咎。

《象》曰：敦临之吉，志在内也。

【译】上六，以厚道统御民众，吉利，无灾祸。

◎《象》解释道：用厚道统御民众是吉祥的，因为用意敦厚存在内心。

【要诀】真诚仁厚，虚心纳谏。

临卦给我们的启示

1. 领导是一门艺术，一门可以让人陶醉的艺术。领导者要有平易近人的人品，要有大度的胸怀，还要有远见卓识。这些要求并不过分，作为一个领导者，要有人格魅力才能使人心悦诚服，跟随你左右。从中可以看出人本的思想，以人为本，因人而变，才能更好地领导人。

2. 临卦的核心思想是为临人、治人者着想，实质上是统御之术。然而，其给人的感觉又不仅仅是权术的研究，而与伦理思想融合在一起，处处显示出内心的真诚仁厚、心灵的沟通感应。

3. 作为领导者，作为行业的主管，需要耐心，更需要才干。将心比心，换位思考，才会使你聪明起来。这样做的好处是你不再头脑单纯，不再一意孤行，很多错误都可以避免。

 观卦第二十

——明察秋毫

(坤下 巽上)

观，盥而不荐，有孚，颙若。

《彖》曰：大观在上，顺而巽，中正以观天下。观，盥而不荐，有孚，颙若，下观而化也。观天之神道，而四时不忒；圣人以神道设教，而天下服矣。

《象》曰：风行地上，观；先王以省方观民设教。

【译】观卦象征瞻仰，祭祀宗庙时，须观祭祀开始时盛美的降神礼，其后的献飨礼则可略而不观。（心存）诚信而崇敬之貌已可仰。

◎《彖》解释道：站在高处，眼界阔大，纵观一切。要温顺而谦逊，以持中守正的观念去观察万事万物。观看祭祀，看开始时盛美的降神礼，其后的献飨礼则可略而不观，就已经表现出非常诚敬的样子，观礼的人会受到感化。观看天然的神奇规律，四时交替无差错；圣人借用这种神奇规律施行教化，就能使天下人顺服。

◎《象》解释道：风行于地上，象征观仰。先代君王因此巡视四方，观察民情，施行教化。

【要诀】眼界阔大，高瞻远瞩。

初六，童观，小人无咎，君子吝。

《象》曰：初六童观，小人道也。

【译】初六，像儿童一样观察（问题），小人无灾，（而）君子则难以成事。

◎《象》解释道："初六"像儿童一样观察，这是小人的浅见之道。

【要诀】目光长远，切忌短视。

六二，窥观，利女贞。

《象》曰：窥观女贞，亦可丑也。

【译】六二，暗中窥探地观察，宜女子守正。

◎《象》解释道：暗中窥探地观察，只利于女子坚持正道，对男子来说是羞耻的。

【要诀】眼界开阔，纵览全局。

六三，观我生进退。

《象》曰：观我生进退，未失道也。

【译】六三，观瞻阳刚美德并对照省察自我行为，以决定进取或退守。

◎《象》解释道：观瞻阳刚美德并对照省察自我行为以决定进取或退守，说明"六三"没有失去观察的正道。

【要诀】观风而动，见机行事。

六四，观国之光，利用宾于王。

《象》曰：观国之光，尚宾也。

【译】六四，观察一国的政绩光辉，宜用宾主之礼朝见国王。

◎《象》解释道：观察国家的政绩光辉，说明"六四"有志于从政。

【要诀】择主而从，慧眼识英。

九五，观我生，君子无咎。

《象》曰：观我生，观民也。

【译】九五，观察自我行为，君子这样做一定没有过错。

◎《象》解释道：观察自我行为，首先要体察民风民情。

【要诀】细心体察民情。

上九，观其生，君子无咎。

《象》曰：观其生，志未平也。

【译】上九，人们都观仰他的行为，这样的君子一定没有过错。

◎《象》解释道：人们都观仰他的行为，"上九"的心志才不至于安逸松懈。

【要诀】严于律己，接受监督。

观卦给我们的启示

1. 要想看得真、看得全、看得深入透彻，必须有虚心求教的精神，因为个人所见毕竟是有限的；还要有持中守正的观念，因为个人的偏见和私心往往妨碍观察的由表及里和去伪存真。观察的学问十分深奥，对一般人来说，多学习、多思考，眼光会越来越敏锐。

2. 既有阔大的眼界，又有科学的态度，这才是真正的"观"，才是"观天下"的"大观"，才算穷尽了"观"之道。观察事物立足点要高，眼界要阔大，才能纵览一切，而不是目光短浅，坐井观天。

3. 登高望远胸自宽，此种境界确实是令人神往的。观卦专谈观察事物的原则和方法。观卦在临卦之后，构成一组，卦形也恰好是临卦的颠倒。《序卦传》说："临者大也，物大然后可观，故受之以观。"居高临下的事物一定很大，会成为众人观望的对象，所以临卦后面是观卦，观卦论述如何观察事物，涉及对客观世界和主观世界的正确认识，提出不少有关人生策略和政治道德的精辟见解。

❀ 噬嗑卦第二十一 ❀
——执法必严

（震下 离上）

噬嗑，亨，利用狱。

《彖》曰：颐中有物曰噬嗑，噬嗑而亨。刚柔分，动而明，雷电合而章。柔得中而上行，虽不当位，利用狱也。

《象》曰：雷电噬嗑，先王以明罚敕法。

【译】噬嗑卦象征咬合，亨通，宜于处理刑狱之事。

◎《彖》解释道：嘴里有东西，咬断了才能合上嘴。咬合才能亨通，由于包含刚柔分明的两个因素，能够迅速行动而又明察秋毫，像雷电一样互相配合，从这里显示出卦理。柔爻居中，并且在上体，虽然不当位，但利于执法断狱。

◎《象》解释道：雷电交加，象征咬合。先代君王因此严明刑罚，公布法令。

【要诀】严明刑罚，公正无私。

初九，屦校灭趾，无咎。

《象》曰：屦校灭趾，不行也。

【译】初九，戴着脚镣，断掉了脚趾，没有灾祸。

◎《象》解释道：脚上套着刑具，断掉了脚趾，受到警戒，不至于犯重罪。

【要诀】初犯必罚，防止再犯。

六二，噬肤，灭鼻，无咎。

《象》曰：噬肤灭鼻，乘刚也。

【译】六二，施刑伤及皮肤，即使毁掉鼻子，也不会施刑过重，没有灾祸。

◎《象》解释道：施刑伤及犯人的皮肤，毁掉犯人的鼻子，这是因为必须用重刑使犯人屈服。

【要诀】刚强果断，切忌优柔寡断。

六三，噬腊肉，遇毒；小吝，无咎。

《象》曰：遇毒，位不当也。

【译】六三，施行刑法像咬坚硬的腊肉并遇到毒物那样不顺利，小有不适，但没有灾祸。

◎《象》解释道：施行刑法像咬坚硬的腊肉并遇到毒物那样不顺利，因为"六三"居位不当。

【要诀】依法办事，决意执行。

九四，噬干胏，得金矢，利艰贞，吉。

《象》曰：利艰贞吉，未光也。

【译】九四，实施刑法像咬带骨头的肉那样困难，但因具有金箭般的刚直品德，宜于艰难中守正则吉利。

◎《象》解释道：虽然利于在艰难中守正，可获吉祥，但是执法治狱之道尚未发扬光大。

【要诀】正直不阿，一身正气。

六五，噬干肉，得黄金，贞厉，无咎。

《象》曰：贞厉无咎，得当也。

【译】六五，实施刑法像吃干硬的肉脯那样艰难，但它具有黄金般的刚坚中和的品质，守持正固以防危险，没有灾祸。

◎《象》解释道：守正防危，可以免过，说明"六五"的行为得当。

【要诀】要有魄力，不要犹豫。

上九，何校灭耳，凶。

《象》曰：何校灭耳，聪不明也。

【译】上九，肩负重枷，遭受严惩，失掉了耳朵，有凶险。

◎《象》解释道：肩上负着重枷，失掉了耳朵，这是因为不听劝告，不能改恶从善，结果受了这样的重刑。

【要诀】累犯必诛，不可轻饶。

❀ 噬嗑卦给我们的启示 ❀

1. 这不仅是司法人员的事，每一个人都必须具备法制观念，在现代人的生活中尤其应该如此。《易经》不仅重视德治，也很讲究法治，这二者是相辅相成的。儒家的法治思想包容着德治的精神。不仅对于罪犯以惩戒作为教化的手段，对于各种性格类型的执法者也特别重视各种道德修养。只有这样，才能在"咎"、"吝"、"艰"、"厉"的情况下顺利地执法治狱。

2. 量刑的结果，是加以较轻的足刑，以警戒后来，防止其继续发展，犯更大的罪行。这样做，看来是惩治，实际上是挽救。如果对一个人的错误不加制止，会使他陷入更大的恶性循环。

3. 执法人员在耐心细致处理问题的同时，必要时要抓住时机，坚决果断，才能办好案子。对罪犯一味地用柔是不行的，必须压住他的气焰，乘凌于强硬的罪犯之上，执法森严，宽猛相济，才能制服罪犯，进而达到改造、挽救他的目的。

贲卦第二十二

——外表与心灵

（离下 艮上）

贲，亨，小利有攸往。

《彖》曰：贲亨，柔来而文刚，故亨；分刚上而文柔，故小利有攸往。刚柔交错，天文也；文明以止，人文也。观乎天文以察时变；观乎人文以化成天下。

《象》曰：山下有火，贲；君子以明庶政，无敢折狱。

【译】贲卦象征文饰，亨通，有小利，可以前往。

◎《彖》解释道：文饰，亨通。阴柔前来文饰阳刚，所以亨通；分出阳刚居上，文饰阴柔，所以对于事业发展有小利。刚美与柔美交相错杂，这是大自然的文饰。文明礼仪而有一定的限度，这是人类的文饰。观察大自然的文饰，可以了解四时变化的规律；观察人类的文饰，可以教化天下。

◎《象》解释道：山下有火光，象征文饰；君子要通晓各种政事，但不敢依此判决官司。

【要诀】文质彬彬，内外兼修。

初九，贲其趾，舍车而徒。

《象》曰：舍车而徒，义弗乘也。

【译】初九，装饰自己的脚趾，舍弃乘坐车马徒步而行。

◎《象》解释道：不乘车徒步行走，因为"初九"在道义上不该乘车。

【要诀】质朴为美，天然雕饰。

六二，贲其须。

《象》曰：贲其须，与上兴也。

【译】六二，文饰长者的胡须。

◎《象》解释道：文饰胡须，说明"六二"是随着上面的"九三"而动的。

【要诀】注重外表，适度包装。

九三，贲如，濡如，永贞吉。

《象》曰：永贞之吉，终莫之陵也。

【译】九三，修饰、润色、长久守正，则可得吉。

◎《象》解释道：永守正道能获吉祥，说明终究不可使"文"凌驾于"质"之上。

【要诀】包装不可过度。

六四，贲如，皤如，白马翰如；匪寇，婚媾。

《象》曰：六四当位，疑也；匪寇，婚媾，终无尤也。

【译】六四，修饰得如此素雅，白马奔驰如飞，（他们）不是强盗，是来求婚的。

◎《象》解释道："六四"所处的位置，是疑惧之地。不是强盗，而是求婚者，终于没有什么可怨尤的。

【要诀】不加文饰，返璞归真。

六五，贲于丘园，束帛戋戋，吝，终吉。

《象》曰：六五之吉，有喜也。

【译】六五，修饰家园，虽然只有极少的束帛，显得吝啬，但最终会吉祥。

◎《象》解释道："六五"的吉祥，说明必有喜事临门。

【要诀】讲究俭朴，清心寡欲。

上九，白贲，无咎。

《象》曰：白贲无咎，上得志也。

【译】上九，用素白无华的文饰，没有灾祸。

◎《象》解释道：以素白无华为文饰，没有过错，因为这完全符合"上九"崇本尚质的心志。

【要诀】质朴自然，平淡之美。

贲卦给我们的启示

1. 看问题当然首先要看实质，不能只看外表。像某些包装华美但质劣的商品，到底是不能长久的。但是，质优价廉的产品，如果包装粗劣，同样难以打进市场。可见外表的文饰美化也是不可忽视的重要因素。

2. 一个人内在的品质优秀，如果再加上外在的仪表高雅，秀外而慧中，那就更显示一种人格的魅力了。不能华而不实，不能金玉其外，败絮其中。人应该是外表美和内心美的统一。

3. 适当的文饰，有助于发挥积极作用。但是文饰要恰如其分，不可太过。因为文饰只是促进事业成功的助因，而不是主因，只起辅助作用，不起决定作用。决定因素仍然是内在的实质。如果文饰太过，超过限度，不符其实，那就会适得其反。文过盛，实必衰，这是必然的道理。

——斗争的策略

（坤下 艮上）

剥，不利有攸往。

《彖》曰：剥，剥也，柔变刚也。不利有攸往，小人长也。顺而止之，观象也。君子尚消息盈虚，天行也。

《象》曰：山附于地，剥；上以厚下安宅。

【译】剥卦象征剥落，不宜有所往。

◎《彖》解释道：剥，是剥落的意思，由于阴柔的侵蚀改变了阳刚的性质。不利于有所前往，因为小人的势力正在增长。要顺应形势，停止进取，这是从观察卦象得到的启示。君子崇尚消息亏盈互相转化的哲理，这是大自然的运行规律。

◎《象》解释道：高山颓落，附着于地，象征剥落。在上者因此加厚下面的基础，以求安固宅屋。

【要诀】把握机会，适时而动。

初六，剥床以足，蔑，贞凶。

《象》曰：剥床以足，以灭下也。

【译】初六，剥蚀床先及床脚，灭正道，守持正固以防险。

◎《象》解释道：剥蚀床先及床脚，说明最初先蚀灭下面的基础。

【要诀】防微杜渐，固本培元。

六二，剥床以辨，蔑，贞凶。

《象》曰：剥床以辨，未有与也。

【译】六二，剥蚀床头，灭正道，守持正固以防凶险。

◎《象》解释道：剥蚀到了床头，说明"六二"没有相应相助者。

【要诀】积极准备，防止恶化。

六三，剥，无咎。

《象》曰：剥之无咎，失上下也。

【译】六三，虽处剥蚀之时却没有灾祸。

◎《象》解释道：虽处剥蚀之时却没有灾祸，说明"六三"脱离了上下群阴，独应阳刚。

【要诀】塞翁失马，焉知非福。

六四，剥床以肤，凶。

《象》曰：剥床以肤，切近灾也。

【译】六四，剥蚀床到了床面，凶险。

◎《象》解释道：剥蚀到了床面，说明"六四"已经逼近灾祸了。

【要诀】小人得志，注意防祸。

六五，贯鱼，以宫人宠，无不利。

《象》曰：以宫人宠，终无尤也。

【译】六五，受宠宫人如贯鱼，无所不利。

◎《象》解释道：受宠之人求宠于君王，说明"六五"毕竟没有过错。

【要诀】众人归顺，命运将转。

上九，硕果不食，君子得舆，小人剥庐。

《象》曰：君子得舆，民所载也；小人剥庐，终不可用也。

【译】上九，有硕大之果而未被摘食，君子摘取可驱车济世，小人摘取则剥蚀屋舍。

◎《象》解释道：君子摘取硕果将驱车济世，说明万民得以乘载；小人摘取剥蚀屋舍，说明小人终究不可任用。

【要诀】抓住时机，力挽颓势。

✿ 剥卦给我们的启示 ✿

1. 成大事者必须注意斗争策略，策略的正确与否直接关系胜负的结局。因此我们必须要讲究策略，运用智慧，这样才能获得成功。我们采用的策略不是一成不变的，要多一份考虑，多一份方案，才能使我们临危不惧。

2. 强与弱总是互相转化的，当我们面对比我们强大的对手时，我们要保持头脑冷静，注意把握机会，暗中积蓄力量，适时行动，就有可能成功。机会的把握在于我们的实力和智慧，如果不准备的话，机会就会从我们手中溜走。

3. 当我们的前途黯淡时不要气馁，不要放弃。关键时刻，三思而后行，慎重用人，积极主动，在斗争中一定会处于不败之地。

复卦第二十四

——善于改过自新

☷☳（震下 坤上）

复，亨。出入无疾，朋来无咎。反复其道，七日来复。利有攸往。

《彖》曰：复亨，刚反，动而以顺行，是以出入无疾，朋来无咎。反复其道，七日来复，天行也。利有攸往，刚长也。复，其见天地之心乎？

《象》曰：雷在地中，复；先王以至日闭关，商旅不行，后不省方。

【译】复卦象征复归，亨通，阳气内生外长都无所疾患，刚健友朋前来无所危害。返转回复沿着一定的规律，过不了七日必将转至回复之时。利于有所前往。

◎《彖》解释道：复，亨通，说明阳刚更苏返回，阳动上复而能顺畅通行，所以阳气内生外长无所疾患，刚健友朋前来无所危害。返转沿着一定的规律，过不了七日必将转至回复之时，这是大自然的运行法则。利于有所前往，说明阳刚日益盛长。复归的道理，大概体现着天地生育万物的用心吧！

◎《象》解释道：震雷在地中微动，像阳气回复；先代帝王因此在微阳的冬至闭关静养，商旅不外出远行，君主也不省巡四方。

【要诀】从小致大，稳步发展。

初九，不远复，无祗悔，元吉。

《象》曰：不远之复，以修身也。

【译】初九，起步不远就回复正道，必无灾患、悔恨，至为吉祥。

◎《象》解释道：起步不远就回复正道，说明"初九"善于修美自身。

【要诀】不惧失败，坚定信念。

六二，休复，吉。

《象》曰：休复之吉，以下仁也。

【译】六二，美好的回复，吉祥。

◎《象》解释道：美好的回复，吉祥，说明"六二"能够亲近仁人。

【要诀】抓住时机，积极进取。

六三，频复，厉，无咎。

《象》曰：频复之厉，义无咎也。

【译】六三，愁眉苦脸而勉强回复，虽有危险却无灾祸。

◎《象》解释道：愁眉苦脸勉强回复的危险，从"六三"努力复善的意义看是无灾祸的。

【要诀】知错能改，善莫大焉。

六四，中行，独复。

《象》曰：中行独复，以从道也。

【译】六四，居中行正，专心回复。

◎《象》解释道：居中行正，专心回复，说明"六四"遵从正道。

【要诀】有主见，不随波逐流。

六五，敦复，无悔。

《象》曰：敦复无悔，中以自考也。

【译】六五，敦厚笃诚地回复，无所悔恨。

◎《象》解释道：敦厚笃诚地回复，无所悔恨，说明"六五"居位稍偏并能自察成就复善之道。

【要诀】功成身退，谦虚谨慎。

上六，迷复，凶，有灾眚；用行师，终有大败，以其国，君凶，至于十年不克征。

《象》曰：迷复之凶，反君道也。

【译】上六，迷入歧途不知回复，有凶险，有灾殃祸患；要是用于带兵作战，终将惨遭败绩；用于治国理政，必将国乱君凶，直到十年之久也不能振兴发展。

◎《象》解释道：迷入歧途不知回复，有凶险，是由于"上六"与君主阳刚之道背道而驰。

【要诀】迷途知返。

🏵 复卦给我们的启示 🏵

1. 要认清和把握事物发展的趋势，不可逆流而动。物质世界表面上茫然无序，实际上是有客观规律可寻的。我们要有一双慧眼和勤于思考的心，透过现象看本质，这样才能掌握主动权，不至于随波逐流。如果违反客观规律，反其道而行之，则会自取灭亡。

2. 误入歧途是难免的，但要知迷而返。因为现实生活是复杂多变的，而每一个人对规律的领悟能力是有限的，所以难免会出现一些失误，比如对形势做了错误的判断，如果采取了不适当的措施，就会陷入困境。此时应该及时醒悟，迷途知返，否则会带来灾祸。

3. 抓住关键时刻，作出明智的抉择。任何事物的发展进程都是不平衡的，我们要分清主要矛盾和次要矛盾，找准其突变前后的临界点，从而采取果断有力的措施，这样才能达到最佳效果。

无妄卦第二十五

——行动须谨慎

（震下 乾上）

无妄，元亨，利贞；其匪正，有眚，不利有攸往。

《彖》曰：无妄，刚自外来而为主于内，动而健，刚中而应。大亨以正，天之命也；其匪正，有眚，不利有攸往，无妄之往，何之矣？天命不祐，行矣哉！

《象》曰：天下雷行，物与，无妄；先王以茂对时，育万物。

【译】无妄卦象征不妄动妄求，至为亨通，利于守持正固；背离正道的人必有祸患，不利于有所前往。

◎《彖》解释道：不妄为，譬如阳刚者从外部前来而成为内部的主宰，威势震动而又禀性健强，刚正居中而又应合于下。此时大为亨通、万物守持正固，这是"天"的教命所致。背离正道的人必有祸患，不利于有所前往；在万物不妄为的时候背离正道而前往，哪里有路可走呢？"天"的教命不给予祐助，怎敢这样妄行啊！

◎《象》解释道：天下雷声震行，象征万物敬畏都不妄为；先代君王因此用天雷般的强盛威势来配合天时、养育万物。

【要诀】心正身正，必有厚福。

初九，无妄，往吉。

《象》曰：无妄之往，得志也。

【译】初九，不妄为，前往必获吉祥。

◎《象》解释道：不妄为而前往，是说必然得遂进取的意愿。

【要诀】把握时机，成功在前。

六二，不耕获，不菑畬，则利有攸往。

《象》曰：不耕获，未富也。

【译】六二，不事耕耘、不图收获，不事开垦而求收获，这样就有利于前往。

◎《象》解释道：不事耕耘、不图收获，说明"六二"未曾谋求富贵。

【要诀】脚踏实地，努力奋斗。

六三，无妄之灾，或系之牛，行人之得，邑人之灾。

《象》曰：行人得牛，邑人灾也。

【译】六三，不妄为，却招致灾祸。譬如有人把一头牛拴在村边道路旁，路人牵走据为己有，同村的人将遭受诘捕的飞来横祸。

◎《象》解释道：路人顺手牵羊获得耕牛，说明同村的人自然将遭受到被诘捕的灾祸。

【要诀】顾全大局，不可盲目蛮干。

九四，可贞，无咎。

《象》曰：可贞无咎，固有之也。

【译】九四，能够守持正固，所以没有灾祸。

◎《象》解释道：能够守持正固所以没有灾祸，说明"九四"要牢固守正才能长保无害。

【要诀】时机未到，不可妄动。

九五，无妄之疾，勿药有喜。

《象》曰：无妄之药，不可试也。

【译】九五，不妄为却身染疾病，这种疾病无需用药而将有自愈的欢欣。

◎《象》解释道：不妄为而身染疾病却不需用药，是因为不能胡乱试用。

【要诀】不可妄为，自然有喜。

上九，无妄行，有眚，无攸利。

《象》曰：无妄之行，穷之灾也。

【译】上九，虽然不妄为，但时穷而行必将遭受祸患，得不到一点好处。

◎《象》解释道："上九"虽然不妄为，但若有所行，将由于时穷难通而要遭受灾祸。

【要诀】行事有度，物极必反。

🌀 无妄卦给我们的启示 🌀

1. 坚守正道而不妄为，以不变应万变。如果身处险境，就很容易遭受祸害。此时应该抱朴守拙，心定神闲，而不可四面出击。正所谓"任凭风浪起，稳坐钓鱼台"。

2. 审时度势，明察秋毫。要审察时机和形势，以决定进退行止。最要紧的是，客观情况变了，主观对策也要相应而变。只有在事物的动态变化中不断做灵活的自我调整，才能确保前途无忧，而免于犯下"刻舟求剑式"的错误。

 大畜卦第二十六

——注重才德的修养

（乾下 艮上）

大畜，利贞。不家食，吉，利涉大川。

《彖》曰：大畜，刚健笃实，辉光日新其德。刚上而尚贤，能止健，大正也。不家食吉，养贤也；利涉大川，应乎天也。

《象》曰：天在山中，大畜；君子以多识前言往行，以畜其德。

【译】大畜卦象征大为蓄聚，利于守持正固。不使贤人在家中自食，可获吉祥，利于涉越大河巨流。

◎《彖》解释道：大为蓄聚，犹如刚健笃实者蓄聚不已，乃至光辉焕发、日日增新他的美德，如阳刚者居上而崇尚贤人，能够规正强健者，这是极大的正道。不使贤人在家中自食可获吉祥，说明要蓄养贤人；利于涉越大河巨流，说明行动应合"天"的规律。

◎《象》解释道：天包含在山中，象征"大为蓄聚"；君子因此多方汲取前贤的言论、往圣的事迹，用来蓄聚美好的品德。

【要诀】蓄德养智，成就未来。

初九，有厉，利已。

《象》曰：有厉利已，不犯灾也。

【译】初九，有危险，利于暂停不进。

◎《象》解释道：有危险，利于暂停不进，说明不可冒着灾祸前行。

【要诀】暂停不进，排除障碍。

九二，舆说輹。

《象》曰：舆说輹，中无尤也。

【译】九二，大车脱卸轮輹不前行。

◎《象》解释道：大车脱卸轮輹不前行，说明"九二"居中不躁进所以不会犯过错。

【要诀】审时度势，不可躁进。

九三，良马逐，利艰贞；曰闲舆卫，利有攸往。

《象》曰：利有攸往，上合志也。

【译】九三，良马在奔逐，利于牢记艰难、守持正固；不断熟练车马防卫的技能，利于有所前往。

◎《象》解释道：利于有所前往，说明"九三"与"上九"意志相合。

【要诀】蓄养已厚，奋起进取。

六四，童牛之牿，元吉。

《象》曰：六四元吉，有喜也。

【译】六四，束缚在无角小牛头上的木牿，至为吉祥。

◎《象》解释道："六四"至为吉祥，说明"止健"有方，值得欣喜。

【要诀】止健有方。

六五，豮豕之牙，吉。

《象》曰：六五之吉，有庆也。

【译】六五，制约阉割过的小猪的尖牙，吉祥。

◎《象》解释道："六五"的吉祥，说明"止健"得法，值得庆贺。

【要诀】以柔克刚，两全其美。

上九，何天之衢，亨。

《象》曰：何天之衢，道大行也。

【译】上九，何等畅通无阻的天街大道，亨通。

◎《象》解释道：何等畅通无阻的天街大道，说明"上九"蓄德之道大为通行。

【要诀】接受磨炼，防止冒进。

大畜卦给我们的启示

1．现实中的挫折和困难有利于磨炼人的意志，使我们不断成熟，最终走向成功之路。古今成大事者，不少人都曾身陷常人难以想象的逆境。正是孟子所谓："故天将降大任于斯人也，必先苦其心志，劳其筋骨，饿其体肤，空乏其身，行拂乱其所为，所以动心忍性，曾益其所不能"。

2．一个人要做大事，应当从小事做起，不可好高骛远。人们常说"千里之行，始于足下"。也就是说，越是伟大的事业，越需要从小事做起，从而不断地积蓄力量，这样才能日积月累，功到自然成。

3．做事不可仅凭一时冲动，而应谦虚谨慎。年轻人如初生牛犊，充满无所畏惧的进取精神，这是他们的优势，也是他们的缺点。所以他们要注意克服自身急躁、盲动的倾向，这样才能扬长避短，发挥自身优势，否则将一事无成。

颐卦第二十七
——修身养性得长生

（震下 艮上）

颐，贞吉；观颐，自求口实。

《彖》曰：颐，贞吉，养正则吉也；观颐，观其所养也；自求口实，观其自养也。天地养万物，圣人养贤以及万民。颐之时大矣哉！

《象》曰：山下有雷，颐；君子以慎言语，节饮食。

【译】颐卦象征颐养，守持正固可获吉祥；观察事物的颐养现象，应当明确用正道自求口中食物。

◎《彖》解释道：颐养，守持正固可获吉祥，说明用正道养身才能吉祥；观察事物的颐养现象，是观察获得养育的客观条件；明确用正道自求口中食物，是观察领会自我养育的正确方法。天地养育万物，圣人养育贤者及万民。"颐养"之时的功效多么宏大啊！

◎《象》解释道：山下响动着震雷（下动上止、如口嚼食），象征"颐养"；君子因此以慎发言语以养德，节制饮食以养身。

【要诀】轻利贵德，吉祥安泰。

初九，舍尔灵龟，观我朵颐，凶。

《象》曰：观我朵颐，亦不足贵也。

【译】初九，舍弃你灵龟般的聪明智慧，而观看我垂腮进食，有凶险。

◎《象》解释道：观看我垂腮进食，说明"初九"的求养行为不值得尊重。

【要诀】贪于口腹，百无一利。

六二，颠颐，拂经于丘颐，征凶。

《象》曰：六二征凶，行失类也。

【译】六二，既反过来向下求获颐养，又违背常理，向高丘上的尊者索取颐养，往前进发必有凶险。

◎《象》解释道："六二"往前进发必有凶险，说明前行得不到朋类。

【要诀】厚颜求食，自取其辱。

六三，拂颐，贞凶；十年勿用，无攸利。

《象》曰：十年勿用，道大悖也。

【译】六三，违背"颐养"常理，守持固正以防凶险；十年之久不可施展才用，要是施用必将无所利益。

◎《象》解释道：十年之久不可施展才用，说明"六三""颐养"正道大相违逆。

【要诀】不妄不贪，力行正道。

六四，颠颐，吉；虎视眈眈，其欲逐逐，无咎。

《象》曰：颠颐之吉，上施光也。

【译】六四，反过来向下求获颐养，吉祥；就像老虎眈眈注视，迫切求食物接连不绝，必无灾祸。

◎《象》解释道：反过来向下求获颐养，吉祥，说明"六四"居上而能施展光明美德。

【要诀】不耻下问，乐于向善。

六五，拂经，居贞，吉；不可涉大川。

《象》曰：居贞之吉，顺以从上也。

【译】六五，（譬如"君主"依赖上者养己以养天下）违背常理，安居守持正固可获吉祥；不可涉越大河巨流。

◎《象》解释道：安居守持正固可获吉祥，说明"六五"当顺从依赖"上九"阳刚贤者。

【要诀】谦虚请教，充实自己。

上九，由颐，厉，吉；利涉大川。

《象》曰：由颐厉吉，大有庆也。

【译】上九，天下依赖他获得吉祥，知危能慎可获吉祥，利于涉越大河巨流。

◎《象》解释道：天下依赖他获得颐养，知危能慎可获吉祥，说明"上九"大有福庆。

【要诀】自养其德，好学向上。

❀ 颐卦给我们的启示 ❀

1. 凡事应适可而止，不可贪求过度。古人曾说："人到无求品自高"。如果处处争强好胜，要出人头地，那必定会费力劳神，身心交瘁，最终一事无成。因此对于功名利禄、荣华富贵，应等闲视之，用一颗平常的心去正确对待，得亦不喜，失亦不忧。

2. 精神财富是无价之宝，是上帝赐予人类的最珍贵的礼物。每个人都希望快乐常相伴，希望子女回报养育之恩，希望知己信守千金一诺，更希望天下有情人的爱情生死不渝。

3．"他山之石，可以攻玉。"身处领导地位的人必须具有博大的胸怀，能容纳和吸收群众的各种意见和建议，这样才能实现宏伟的目标和理想。所以古人说："泰山不择细壤，故能成其大；江河不择细流，故能成其深。"

大过卦第二十八
——以柔济刚

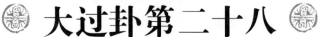 （巽下 兑上）

大过，栋桡，利有攸往，亨。

《彖》曰：大过，大者过也；栋桡，本末弱也。刚过而中，巽而说行，利有攸往，乃亨。大过之时大矣哉！

《象》曰：泽灭木，大过；君子以独立不惧，遁世无闷。

【译】大过卦象征大为过甚，栋梁曲折弯挠，利于有所前往，亨通。

◎《彖》解释道：大为过甚，指刚大者过甚；栋梁曲折弯挠，说明首尾两端柔弱。阳刚过盛而处中，逊顺喜悦而行动。利于有所往，所以亨通。大过之时，其义太大了。

◎《象》解释道：大泽淹没树木，象征"大为过甚"；君子因此（处身"大过"之时）能够独自屹立，毫不畏惧；毅然逃世，无所苦闷。

【要诀】力挽狂澜，无所畏惧。

初六，藉用白茅，无咎。

《象》曰：藉用白茅，柔在下也。

【译】初六，用洁白的茅草衬垫承放（奉献尊者的用品），没有灾祸。

◎《象》解释道：用洁白的茅草衬垫承放（奉献尊者的用品），说明"初六"柔顺居下、行为谨慎。

【要诀】百尺之楼，起于累土。

九二，枯杨生稊，老夫得其女妻，无不利。

《象》曰：老夫女妻，过以相与也。

【译】九二，枯槁的杨树生出嫩芽新枝，龙钟老汉娶了一个年少娇妻，无所不利。

◎《象》解释道：龙钟老汉娶了一个年少娇妻，说明"九二"阳刚过甚，但能和"初六"阴柔相互亲与。

【要诀】非常之事，实行非常之法。

九三，栋桡，凶。

《象》曰：栋桡之凶，不可以有辅也。

【译】九三，栋梁曲折弯挠，有凶险。

◎《象》解释道：栋梁曲折弯挠而有凶险，说明"九三"的刚势不能再加以辅助。

【要诀】过刚失柔，前进必毁。

九四，栋隆，吉；有它吝。

《象》曰：栋隆之吉，不桡乎下也。

【译】九四，栋梁隆起平复，吉祥；要是有应于下方，必生憾惜。

◎《象》解释道：栋梁隆起平复，吉祥，说明"九四"使栋梁不再向下曲折弯挠。

【要诀】不偏不倚，中正平和。

九五，枯杨生华，老妇得其士夫，无咎，无誉。

《象》曰：枯杨生华，何可久也？老妇士夫，亦可丑也。

【译】九五，枯槁的杨树开出新花，龙钟老太配了个青年丈夫；不会有灾祸，也无所佳誉。

◎《象》解释道：枯槁的杨树开出新花，生机怎能长久呢？龙钟老太配了个青年丈夫，这样的情状太丑恶了。

【要诀】激流勇退，退位让贤。

上六，过涉灭顶，凶，无咎。

《象》曰：过涉之凶，不可咎也。

【译】上六，涉水过深以致淹没头顶，有凶险，但没有灾祸。

◎《象》解释道：涉水过深以致淹没头顶有凶险，说明"上六"救时亡身，不可视为有灾祸。

【要诀】不畏艰险，舍生取义。

🔖 大过卦给我们的启示 🔖

1. 要注意保持平衡，使事物处于中和状态。凡事都要适度，不及或过头都不好。要使事物内部的各种矛盾保持合理的比例关系。我们在日常生活中为人处事要外圆内方，既要有一定的原则，又要有灵活性。

2. 唯非常之举，方能成非常之事。如果我们要成就一番事业，千万不能因循守旧，循规蹈矩，必须要有舍我其谁的气魄和胸怀，要敢破敢立，勇于冲破束缚。

3. 必须用果断的措施，才能纠正偏差，惩治弊病。对于我们生活中的一些丑恶现象，如不文明的个人习惯，拜金主义、官僚主义、享乐主义等腐朽思想，我们必须下定决心，毫不犹豫地与之作斗争。

 坎卦第二十九

——排难脱险

（坎下 坎上）

习坎，有孚，维心，亨，行有尚。

《彖》曰：习坎，重险也。水流而不盈，行险而不失其信。维心亨，乃以刚中也。行有尚，往有功也。天险，不可升也；地险，山川丘陵也；王公设险以守其国。险之时用大矣哉！

《象》曰：水洊至，习坎；君子以常德行，习教事。

【译】 坎卦象征重重危险，只要胸怀信实，就能使内心亨通，努力前行必被崇尚。

◎《彖》解释道："习坎"，意思是重重危险，就像水流进陷穴不见盈满。行走在险境而不丧失信实，就能使内心亨通，这是由于阳刚居中不偏；努力前行必被崇尚，说明往前进取可建功勋。天险高远无法升越，地险山川丘陵（也难以涉越），国君王侯于是设险守护国境："险陷"之时的功用是多么宏大啊！

◎《象》解释道：水叠连流至，象征"重重险陷"；君子因此恒久保持令德美行，反复熟习政教事务。

【要诀】 端正心态，排艰出险。

初六，习坎，入于坎窞，凶。

《象》曰：习坎入坎，失道凶也。

【译】初六，面临重重危险，落入陷穴深处，有凶险。

◎《象》解释道：面临重重危险，而又落入陷穴深处，说明"初六"违失履险之道必有凶险。

【要诀】势微力衰，外无应援，无法出险。

九二，坎有险，求小得。

《象》曰：求小得，未出中也。

【译】九二，在陷穴中困罹险难，从小处谋求脱险必有所得。

◎《象》解释道：从小处谋求脱险必有所得，说明"九二"此时尚未脱离险境。

【要诀】先求小得，逐步出险。

六三，来之坎坎，险且枕，入于坎窞，勿用。

《象》曰：来之坎坎，终无功也。

【译】六三，来去都在险陷之间，往前有险，退居难安，落入陷穴深处，不可施展才用。

◎《象》解释道：来去都在险陷之间，说明"六三"终究难成行险之功。

【要诀】伏枕以待，徐图良策。

六四，樽酒，簋贰，用缶，纳约自牖，终无咎。

《象》曰：樽酒簋贰，刚柔际也。

【译】六四，一樽薄酒，两簋淡食，用质朴的瓦缶盛物（虔诚地奉献给尊者），通过明窗结纳信约，终将免遭灾祸。

◎《象》解释道：一樽薄酒，两簋淡食，说明"九五"阳刚和"六四"阴柔相互交接。

【要诀】身陷困境，自强不息。

九五，坎不盈，祗既平，无咎。

《象》曰：坎不盈，中未大也。

【译】九五，险陷尚不满盈，小丘已被铲平，必无灾祸。

◎《象》解释道：险陷尚不满盈，说明"九五"虽居中但平险之功尚未光大。

【要诀】危险将过，仍需谨慎。

上六，系用徽纆，置于丛棘，三岁不得，凶。

《象》曰：上六失道，凶三岁也。

【译】上六，被绳索捆缚，囚置在荆棘丛中，三年不得解脱，有凶险。

◎《象》解释道："上六"违失履险正道，凶险将延续三年之久。

【要诀】矢志不渝，克服艰险。

❀ 坎卦给我们的启示 ❀

1. 在面对困难的时候，我们要时刻保持信心。有了信心才能临危不乱，履险如夷。古代的大军事家孙子曾说："两军交战，勇者胜。"特别是在大型体育比赛中，双方实力差距很小，谁的心理素质好，谁就能最终取胜。

2. 我们不能期待着撒满鲜花的平坦大道，而应准备走荆棘塞途的崎岖小路。正如古人所说："江头未是风波恶，别有人间行路难。"我们常说，前途是光明的，道路是曲折的，就是这个道理。人生处处有险境，关键是如何才能超越艰险，化险为夷。

3. 古人云："得道多助，失道寡助。"天时、地利、人和，万事成功，这是永远不会过时的道理。如果我们平时乐于助人，善待弱者，有一颗善

良的心，那么，当我们身处险境时，别人就会伸出援助之手，帮我们渡过
难关。

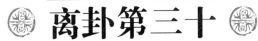
——相依共存

（离下 离上）

离，利贞，亨。畜牝牛，吉。

《彖》曰：离，丽也。日月丽乎天，百谷草木丽乎土，重明以丽乎正，乃化成天下。柔丽乎中正，故亨。是以畜牝牛吉也。

《象》曰：明两作，离；大人以继明，照于四方。

【译】离卦象征附丽，利于守持正固，亨通。畜养母牛可获吉祥。

◎《彖》解释道："离"，意思是附丽。譬如太阳附丽在天上，百谷草木附丽在大地上，光明重叠而又附丽于正道，就能推行教化，促成天下昌盛。柔顺者附丽在适中方正之处，于是前景亨通。所以畜养母牛可获吉祥。

◎《象》解释道：光明接连升起（悬浮高空），象征"附丽"；德高望重的人因此连续不断地用光明照临天下四方。

【要诀】互为依存，互相帮助。

初九，履错然，敬之，无咎。

《象》曰：履错之敬，以辟咎也。

【译】初九，践行事务郑重不苟，保持恭敬谨慎，结果没有灾祸。

◎《象》解释道：践行事务郑重不苟，保持恭敬谨慎，说明"初九"这样才能避免灾祸。

【要诀】谨慎行事，不可冒进。

六二，黄离，元吉。

《象》曰：黄离元吉，得中道也。

【译】六二，保持中正的黄色附丽于物，至为吉祥。

◎《象》解释道：保持中正的黄色附丽于物，至为吉祥，说明"六二"有得于适中不偏之道。

【要诀】依附于人，也要适中不偏。

九三，日昃之离，不鼓缶而歌，则大耋之嗟，凶。

《象》曰：日昃之离，何可久也？

【译】九三，太阳将落，垂垂附丽在西天，此时要是不敲起瓦器高歌自乐，必将导致老暮穷衰的嗟叹，有凶险。

◎《象》解释道：太阳将落，垂垂附丽在西天，这种状况怎能保持长久呢？

【要诀】怡然自得，安享晚年。

九四，突如其来如，焚如，死如，弃如。

《象》曰：突如其来如，无所容也。

【译】九四，突然间发出万道光芒，像烈焰在焚烧，但顷刻间又烟消云散，被弃除净尽。

◎《象》解释道：突然间发出万道光芒，说明"九四"的虚势必将无处附丽容纳。

【要诀】玩火者必自焚。

六五，出涕沱若，戚嗟若，吉。

《象》曰：六五之吉，离王公也。

【译】六五，眼泪像泉水一样不断地涌出，忧戚嗟伤悲切，居安思危到了这种程度，必将获得吉祥。

◎《象》解释道："六五"的吉祥，是由于它附着在君主旁，受到了君主的庇佑。

【要诀】居安思危，避害全身。

上九，王用出征，有嘉折首，获匪其丑，无咎。

《象》曰：王用出征，以正邦也。

【译】上九，君王出师征伐，建树丰功，斩折敌方首级，俘获不愿亲附的异己，这样做没有灾祸。

◎《象》解释道：君王出师征伐，说明"上九"是为了端正邦国，治理天下。

【要诀】见机行事，主动出击。

离卦给我们的启示

1. 每一个成员都应任劳任怨，辛勤工作，为所在的单位做出贡献。这是因为，单位依靠我们发展、繁荣、昌盛，而我们自己也获得了更多的机会和利益。在这种良性的互动中，双方都是胜利者。

2. 我们要正确地认识自己的能力，既不能自卑，也不能高估。如果有实力就应积极进取，奋发有为。但不可超越自己的极限，不能上演"知其不可为而为之"的悲剧。否则，只能凶多吉少，得不偿失。

3. 人生有时需要以退为进。俗话说："忍一时风平浪静，退一步海阔天空"，这正是智者的过人之处。有时条件不成熟，勉强进取很难成功。但这正是积蓄实力的大好时机，可为今后更大的发展打下坚实的基础。

 咸卦第三十一
——情感交流的重要性

（艮下 兑上）

咸，亨，利贞，取女吉。

《彖》曰：咸，感也。柔上而刚下，二气感应以相与。止而说，男下女，是以亨，利贞，取女吉也。天地感而万物化生，圣人感人心而天下和平。观其所感，而天地万物之情可见矣。

《象》曰：山上有泽，咸；君子以虚受人。

【译】咸卦象征交感，亨通，利于守持正固，娶妻可获吉祥。

◎《彖》解释道：咸，意思是交感。譬如阴柔往上而阳刚来下，二气交感互应、两相亲和。交感之时稳重自制而又能欢快欣悦，就像男子下求女子，所以亨通，利于守持正固，娶妻可获吉祥。天地交感带来万物化育生长，圣人感化人心带来天下和平昌顺。观察"交感"天地万物的性情就可以明白了！

◎《象》解释道：山上有大泽，（山泽相通）象征"交感"；君子因此虚怀若谷，广泛容纳感化众人。

【要诀】虚怀若谷，海纳百川。

初六，咸其拇。

《象》曰：咸其拇，志在外也。

【译】初六，交感相应在脚拇指。

◎《象》解释道：交感相应在脚拇指，说明"初六"的感应志向是往外发展。

【要诀】略有所感，不可急躁。

六二，咸其腓，凶；居吉。

《象》曰：虽凶居吉，顺不害也。

【译】六二，交感相应在小腿肚，有凶险；安居可获吉祥。

◎《象》解释道："六二"尽管有凶险，但安居守静可获吉祥，说明顺从"交感"正道可以免于灾祸。

【要诀】抱朴守拙，不妄动。

九三，咸其股，执其随，往吝。

《象》曰：咸其股，亦不处也；志在随人，所执下也。

【译】九三，交感相应在大腿，执意盲从于别人，如此前往必然导致灾祸。

◎《象》解释道：交感相应在大腿，说明"九三"不能安静退处；心志在于盲从泛随于人，说明所执意追求的过于低下卑劣。

【要诀】随人盲动，自取其辱。

九四，贞吉，悔亡。憧憧往来，朋从尔思。

《象》曰：贞吉悔亡，未感害也；憧憧往来，未光大也。

【译】九四，守持正固，吉祥，悔恨必将消亡。心意不定地频频往来，友朋终究会报答你的情意。

◎《象》解释道：守持正固，吉祥，悔恨必将消亡，说明"九四"未曾因"交感"为正而遭害；心意不定地频频往来，说明此时"交感"之道尚未光大。

【要诀】以情感人，以心动人。

九五，咸其脢，无悔。

《象》曰：咸其脢，志末也。

【译】九五，交感相应在背脊的肉上，不致悔恨。

◎《象》解释道：交感相应在背脊肉上，说明"九五"的交感志向过于浅薄了。

【要诀】热心待人，以心换心。

上六，咸其辅颊舌。

《象》曰：咸其辅颊舌，滕口说也。

【译】上六，交感相应在牙床、脸颊、舌头上。

◎《象》解释道：交感相应在牙床、脸颊、舌头上，说明"上六"不过腾扬空言而已。

【要诀】玩弄口舌，不可长久。

咸卦给我们的启示

1. 我们要非常重视感情沟通的问题，因为这可能关系到我们事业的成败。家庭内部，父母子女要交流感情；公司内部，员工和领导要交流意见；国家内部，领袖与民众要交流看法。只有感情沟通了，社会上各阶层人士才能增进理解，建立和谐的人际关系。

2. 如果随波逐流，人云亦云，我们就会迷失自己，在茫茫人海中无处容身。所以我们必须对自己负责，做一个有主见的人。用眼观察，用心思考，借鉴别人的经验和教训，看清形势，抓住时机，大胆出击，这样才能有所作为。

恒卦第三十二

——人贵有恒心

䷟（巽下 震上）

恒，亨，无咎，利贞；利有攸往。

《彖》曰：恒，久也。刚上而柔下，雷风相与，巽而动；刚柔皆应，恒。恒，亨，无咎，利贞，久于其道也。天地之道，恒久而不已也。利有攸往，终则有始也。日月得天而能久照，四时变化而能久成，圣人久于其道而天下化成。观其所恒而天地万物之情可见矣。

《象》曰：雷风，恒；君子以立不易方。

【译】恒卦象征恒久，亨通，必无灾祸，利于守持正固；利于有所前往。

◎《彖》解释道：恒，意思是恒久。譬如阳刚居上阴柔处下，雷震风行常相交助，先要逊顺然后可动，阳刚阴柔均相互应合，这些都是恒久可行的。恒久，亨通，必无灾祸，利于守持正固，说明要永久保持美好的道德。天地的运行，是恒久不停止。利于有所前往，说明事物的发展周而复始。日月顺行天道而能永久照耀天下，四季往来变化而能永久生成万物，圣人永久保持美好的道德，天下遵从教化形成美俗。观察恒久现象，天地万物的性情就可以明白了。

◎《象》解释道：雷发风行（常相交助），象征恒久；君子树立自身的形象，坚守常久不变的正道。

【要诀】持之以恒，长久之道。

初六，浚恒，贞凶，无攸利。

《象》曰：浚恒之凶，始求深也。

【译】初六，深求恒久之道，守持正固以防凶险，否则无所利益。

◎《象》解释道：深求恒久之道的凶险，说明"初六"刚开始就求之过深。

【要诀】道贵恒久，日积月累。

九二，悔亡。

《象》曰：九二悔亡，能久中也。

【译】九二，悔恨消亡。

◎《象》解释道："九二"悔恨消亡，说明能恒久守中不偏。

【要诀】持中守正。

九三，不恒其德，或承之羞，贞吝。

《象》曰：不恒其德，无所容也。

【译】九三，不能恒久保持美德，时或有人施加羞辱，要守持正固以防憾惜。

◎《象》解释道：不能恒久保持美德，说明"九三"所往将无处容身。

【要诀】守正固本，坚定立场。

九四，田无禽。

《象》曰：久非其位，安得禽也？

【译】九四，田猎没有获得禽兽。

◎《象》解释道："九四"久居不当之位，田猎哪能获得禽兽呢？

【要诀】立足分内，坚守岗位。

六五，恒其德，贞。妇人吉，夫子凶。

《象》曰：妇人贞吉，从一而终也；夫子制义，从妇凶也。

【译】六五，恒久保持柔美品德，应当守持正固。妇人可获吉祥，男子必有凶险。

◎《象》解释道：妇人守持正固可获吉祥，说明要顺从一个丈夫终身不改；男子则必须裁制事宜，若像妇人那样柔顺必有凶险。

【要诀】坚贞守恒。

上六，振恒，凶。

《象》曰：振恒在上，大无功也。

【译】上六，振动不安于恒久之道，有凶险。

◎《象》解释道：振动不安于恒久之道而又高居在上，说明"上六"处事必然大为无功。

【要诀】躁动不安，一事无成。

恒卦给我们的启示

1. 我们要认识到，真理是相对的，而不是绝对的。伟人说过："真理与谬误仅仅一步之遥，超过真理一步，就会变成谬误。"所以真理也是有适用条件的，从来没有包治百病的良药。古代寓言"刻舟求剑"就是讽刺那种看不到条件变化的人。

2. 人贵有恒，何必三更眠五更起。人生一世，要有远大目标，但千里之行，始于足下，只有从小事做起，持之以恒，才能有所成就。所以《荀子·劝学》说："锲而舍之，朽木不折；锲而不舍，金石可镂。"这句话值得我们体味。

3. 守恒之道，并不是顽固不化，抱残守缺。我们不能用静止的观点来看待恒，而应用动态的观点看待之。在原则上、大方向上是恒，但具体的实现途径是灵活的、多样的，而不是一成不变的。我们必须纠正在这个问题上的错误认识。

 遁卦第三十三

——及时退却安身心

（艮下 乾上）

遁，亨，小利贞。

《彖》曰：遁亨，遁而亨也。刚当位而应，与时行也。小利贞，浸而长也。遁之时义大矣哉！

《象》曰：天下有山，遁；君子以远小人，不恶而严。

【译】遁卦象征退避，亨通，柔小者利于守持正固。

◎《彖》解释道：退避亨通，是因为当退则退，当然亨通。"九五"阳刚居上卦中位，又与下卦的"六二"阴阳相应，还能根据不同的时机而采取不同的行动。柔小者利于守持正固，是因为阴气浸透渐长。遁卦所讲的关于时机的道理是很深刻的。

◎《象》解释道：遁卦的上卦是乾卦，代表天；下卦是艮卦，代表山。"天下有山"，就是遁卦。君子要远离小人，虽不显露厌恶之情，但始终能矜严自守，不与其苟同。

【要诀】相时而动，当机立断。

初六，遁尾，厉，勿用有攸往。

《象》曰：遁尾之厉，不往何灾也？

【译】初六，退避得太慢而成为末尾，是危险的，这时不可以轻举妄动。

◎《象》解释道：退避在后面是危险的，不妄自行动又有什么危险呢？

【要诀】全身而退，不可蛮干。

六二，执之用黄牛之革，莫之胜说。

《象》曰：执用黄牛，固志也。

【译】六二，用黄牛皮做的绳子捆绑住他，没人能解得开。

◎《象》解释道：用黄牛皮做的绳子捆绑，是为了坚定他退避的意愿。

【要诀】找准时机，当退则退。

九三，系遁，有疾厉；畜臣妾吉。

《象》曰：系遁之厉，有疾惫也；畜臣妾吉，不可大事也。

【译】九三，受到羁绊而无法逃脱，就如同患上了疾病，在家中多畜养奴仆就会呈现吉祥了。

◎《象》解释道：受到羁绊而无法逃脱，如同患上了重病而赢困不堪；畜养奴仆而呈现吉祥，是因为这样就做不成大事了。

【要诀】不进即退，玩物丧志。

九四，好遁，君子吉，小人否。

《象》曰：君子好遁，小人否也。

【译】九四，可以从容隐退避让而无所系累，君子能做到这一点，是吉祥的，而小人是做不到这一点的。

◎《象》解释道：君子可以从容隐退避让而无所系累，小人是做不到这一点的。

【要诀】见机行事，"闻风而逃"。

九五，嘉遁，贞吉。

《象》曰：嘉遁贞吉，以正志也。

【译】九五，能够急流勇退，这样做吉祥。

◎《象》解释道：能够急流勇退而吉祥，是因为有着远大正直的志向。

【要诀】急流勇退，再图发展。

上九，肥遁，无不利。

《象》曰：肥遁无不利，无所疑也。

【译】上九，既无牵累，又已远离，就不会有不利的事情发生。

◎《象》解释道：既无牵累，又已远离，这样不会不利，是因为没有什么可疑虑的。

【要诀】适可而止，戒除贪念。

遁卦给我们的启示

1. 不断培养和提高自己发现时机和把握时机的能力，学会根据不同的时机采取不同的行动。应该明白世界上的一切事物都是变化不止的，在事物不断发展变化的过程中，有许多矛盾冲突的关节点，这就是时机。而我们一旦找到了时机，就必须迅速果断地采取行动，千万不可犹豫不决，因为时机稍纵即逝，错过了就永远不会再来。

2. 保持远大的志向和高尚的节操。在功成名就之时，应该明智地选择急流勇退，不宜将事态的发展推向极致，那样反而于己不利，所谓"过犹不及"；同时在个人事业处在发展的鼎盛期时，不能骄傲自满，不能麻痹大意，要时刻保持清醒的头脑、提高警惕。因为事情都要分两方面看，最成功的时候往往也是最容易出问题的时候。

3. 君子爱财，取之有度。除了我们获得财物、获得利益的方法要是正当的以外，我们对财物和利益的获取也应当有度。这些东西本来就是身外之物，多得了不但没用，还会成为一个人思想和行动上的包袱。在短短的一生中，值得追求的东西有很多，不要浅视地集中在这一点上。

大壮卦第三十四

——积蓄力量待奋发

 （乾下 震上）

大壮，利贞。

《彖》曰：大壮，大者壮也。刚以动，故壮。大壮利贞，大者正也。正大而天地之情可见矣。

《象》曰：雷在天上，大壮；君子以非礼弗履。

【译】大壮卦象征十分强盛，坚守正道，这样会非常有利。

◎《彖》解释道：大壮卦说的是阳刚强壮。纯阳刚健，再加上奋动，所以强壮。大壮有利于纯正，大就是正的意思。从正直刚大中我们可以懂得天地的性情。

◎《象》解释道：上卦的震是雷，下卦的乾是天，这就是大壮卦。君子不能只是求强，不合乎礼仪的事情不去做。

【要诀】伺机而动，厚积薄发。

初九，壮于趾，征凶，有孚。

《象》曰：壮于趾，其孚穷也。

【译】初九，脚力上强壮，这时如果有所行动，必然会招来灾祸，应以诚信自守。

◎《象》解释道：脚力上的强壮，无疑是穷乏无力的。

117

【要诀】积蓄力量，三思而后行。

九二，贞吉。

《象》曰：九二贞吉，以中也。

【译】九二，坚守正道而获得吉祥。

◎《象》解释道："九二"坚守正道而获吉祥，是因为其位在中央。

【要诀】矢志不渝，默默工作。

九三，小人用壮，君子用罔，贞厉；羝羊触藩，羸其角。

《象》曰：小人用壮，君子罔也。

【译】九三，小人才会恃强凌人，君子虽强但不会这样做。单纯仰仗刚强的话，即使纯正也是危险的。就像公羊拿自己强壮的角去顶撞篱笆，真正瘦弱而被困在那里的恰恰是进攻方——公羊的角。

◎《象》解释道：只有小人才会恃强凌弱，君子不会这样做。

【要诀】沉着镇定，攻守兼备。

九四，贞吉，悔亡。藩决不羸，壮于大舆之輹。

《象》曰：藩决不羸，尚往也。

【译】九四，守持正固可获吉祥，悔恨会消失的。篱笆已被撞破，羊角也不再羸弱。此时壮得就像是车下面钩住车轴的輹。

◎《象》解释道：冲破了篱笆摆脱了困境，便不再羸弱，可以出发了。

【要诀】变通思想，积极行动。

六五，丧羊于易，无悔。

《象》曰：丧羊于易，位不当也。

【译】六五，羊在牧场丢失，财产有所损失，不会悔恨。

◎《象》解释道：羊在牧场丢失，财产有所损失，这是由于本爻是阴爻阳位，其位不正。

【要诀】不计小失，调整心态。

上六，羝羊触藩，不能退，不能遂；无攸利，艰则吉。

《象》曰：不能退，不能遂，不详也；艰则吉，咎不长也。

【译】上六，公羊的角撞上篱笆，被卡在其中，不能进，也不能冲破篱笆前进，莽进或退到其他地方都没有好处，在艰难困苦中要忍耐、坚守自己做人的原则，才会吉祥。

◎《象》解释道：不能后退，不能前进，这不吉祥；在艰难困苦中要坚守自己做人的原则，就会吉祥，灾难也就不会长久。

【要诀】不怕失败，学会忍耐。

大壮卦给我们的启示

1. 人要有所为有所不为，保持刚强的性格，尤其在事业发展初期，自身的力量较弱，应该以继续发展和修炼为主。而且这种修炼应当是默默地、耐得住外界干扰的。即使在生活和事业上取得了一些成绩，也应继续谦逊勤勉，继续壮大自己的力量。尤其是年轻人在略微有所发展之后，很容易不假思索地贸然采取行动，这种盲目乐观不会带来任何益处。

2. 人的思想和行动应当随着时间和条件的变化而变化。当自身的力量发展到足够强大时，应果断地采取下一步行动，千万不可贻误时机。只有保持变通和果敢，才能取得不断的更大的成功。

3. 在发展和成长过程中，自身的利益受到损害是不可避免的，但是只要自己有强盛的气势，这损失就不会妨害到成功的大局。同时在困境中，应该坚守自己的原则，不改初衷。有了这种精神，艰难困苦很快就会过去。

晋卦第三十五
——德勤诚欲求上进

 （坤下 离上）

晋，康侯用锡马蕃庶，昼日三接。

《彖》曰：晋，进也。明出地上，顺而丽乎大明，柔进而上行，是以康侯用锡马蕃庶，昼日三接也。

《象》曰：明出地上，晋；君子以自昭明德。

【译】晋卦象征长进，有才干的诸侯得到很多赏赐的车、马，一天三次被天子接待。

◎《彖》解释道：晋，是进的意思。光明出于土地之上，康顺又附丽于伟大的光明之上，这康顺柔和徐缓地上升。所以有才干的诸侯得到很多赏赐的车、马，一天三次被天子接待。

◎《象》解释道：光明在大地之上，这是晋卦；君子就应当像太阳那样，发扬自己的美好品德，去照亮别人。

【要诀】以我为本，修炼自身。

初六，晋如，摧如，贞吉。罔孚，裕，无咎。

《象》曰：晋如摧如，独行正也；裕无咎，未受命也。

【译】初六，一味地求进，会受到摧折，自身纯正就会吉祥。不丧失诚信，保持宽松自得的心态，就不会有灾祸。

◎《象》解释道：一味地求进会受到摧折，独行前进走自己的路，正大光明；能够保持宽松自得的心态而没有灾祸，是因为没有得到任命。

【要诀】求进要走正道。

六二，晋如，愁如，贞吉；受兹介福于其王母。

《象》曰：受兹介福，以中正也。

【译】六二，一味求进，会有愁苦，保持纯正才会吉祥。能享受到这样大的幸福，全是得自于王母。

◎《象》解释道：能够受到这样大的福气，原因是其位既中又正。

【要诀】自力更生，勤奋务实。

六三，众允，悔亡。

《象》曰：众允之，志上行也。

【译】六三，得到大家的赞扬和崇信，悔恨就会消失。

◎《象》解释道：得到大家的夸赞和崇信，是因为其志向是向上、向着好的方向前进的。

【要诀】以德服众。

九四，晋如鼫鼠，贞厉。

《象》曰：鼫鼠贞厉，位不当也。

【译】九四，求进或者在成功之后，贪婪得像肥大的老鼠，这是非常凶险的。

◎《象》解释道：之所以说像肥大的老鼠有危险，是因为其位不中不正。

【要诀】固本不贪，无欲则刚。

六五，悔亡，失得勿恤，往吉，无不利。

《象》曰：失得勿恤，往有庆也。

【译】六五，安居其位而不妄动，悔恨就会消失，无论是失去还是得到都不要在心中忧虑。做到这一点再前进，就会吉祥，没有什么不吉利的事情了。

◎《象》解释道：无论是得还是失，都不放在心上，在此基础上前进，便会有大的喜庆。

【要诀】胜不骄，败不馁。

上九，晋其角，维用伐邑；厉，吉，无咎，贞吝。

《象》曰：维用伐邑，道未光也。

【译】上九，头上带着角前进，宜带着精锐的部队去攻打城池，虽然很危险，但是吉利，没有灾祸，只不过有辱于纯正。

◎《象》解释道：以这样的方式去攻打城池，从道德上讲，不是光明正大的进攻之道。

【要诀】以德为本，以德谋进。

晋卦给我们的启示

1. 发展和前进应当以我为本、以德为本，加强自己力量的积蓄和品格的锤炼，不能把自己的前途单纯地寄托在别人身上，也不能一味地使蛮劲，否则最后吃亏的只能是自己。

2. 应该心态平和地安心于自己本职的工作，碰到前进和发展的机会，要三思而后行；应当以宽松的心情面对一切，不要过多地纠缠在一时一地的小得小失上，目光应该尽量放得长远，高瞻远瞩。

3. 千万不可得寸进尺、贪得无厌。即使是一个十分全面、能力出众的人，如果他有了贪心，也无异于是自蛀根基、自毁前程。一个人最重要的就是自己在品德上的修炼，只有具有高尚品格的人才能以德服众，谋求发展。

◉ 明夷卦第三十六 ◉
——百折不挠守纯正

䷗ （离下 坤上）

明夷，利艰贞。

《彖》曰：明入地中，明夷。内文明而外柔顺，以蒙大难，文王以之。利艰贞，晦其明也，内难而能正其志，箕子以之。

《象》曰：明入地中，明夷；君子以莅众，用晦而明。

【译】明夷卦象征光明受阻，只有在艰难困苦中百折不挠地坚持纯正，才会有利。

◎《彖》解释道：光明沉入地中，称为明夷。它的下卦也就是内卦为"离"，代表文明；它的上卦也就是外卦为"坤"，代表顺从。以这样的性格行事，来蒙受大的苦难，周文王就是这样做的。这就说明在艰难困苦时坚持纯正才会有利。把锋芒隐藏起来，不论多么艰难也能坚定自己的志向，箕子就是这样的。

◎《象》解释道：光明沉入地中，是明夷卦；君子在接近民众的时候，要将锋芒隐藏起来，使自己的明德进一步彰显。

【要诀】百折不挠，避开锋芒。

初九，明夷于飞，垂其翼；君子于行，三日不食；有攸往，主人有言。

《象》曰：君子于行，义不食也。

【译】初九，光明的沉没，就如同一只飞行的鸟被射中而垂下了翅膀。君子若要退避隐藏，就是丢掉职位、没有饭吃也不在乎。但君子若此时行动，必然受到当政者的责备。

◎《象》解释道：君子逃亡在行进的路上，不会吃不义之食。

【要诀】主上昏庸，注意自保。

六二，明夷，夷于左股，用拯马，壮吉。

《象》曰：六二之吉，顺以则也。

【译】六二，光明下沉，自己受到迫害而伤到了左腿，这个时候用强壮的马来帮助自己，是吉祥的。

◎《象》解释道："六二"之所以吉祥，是因为本爻柔顺而且处正位。

【要诀】保全第一，避免绝境。

九三，明夷于南狩，得其大首，不可疾贞。

《象》曰：南狩之志，乃大得也。

【译】九三，光明下沉，带军向南征伐，能俘获他们的首领，但不要操之过急，要能坚持正道，持之以恒。

◎《象》解释道：向南征伐的志向，是要有更大的收获。

【要诀】攻心为上，以德服人。

六四，入于左腹，获明夷之心于出门庭。

《象》曰：入于左腹，获心意也。

【译】六四，进入肚腹的左边，拿到那颗敢于指出光明沉落的心，然后走出门庭，让天下人都来评判这颗心的对错。

◎《象》解释道：进入肚腹的左边，是为了获得那颗心——敢于指出光明沉落的意志。

【要诀】敢说敢言，开诚布公。

六五，箕子之明夷，利贞。

《象》曰：箕子之贞，明不可息也。

【译】六五，箕子对待光明沉落的方法很正确，这样做是有利于守正的。

◎《象》解释道：箕子的保持纯正，说明光明是不会消失的。

【要诀】避开锋芒，曲径通幽。

上六，不明晦，初登于天，后入于地。

《象》曰：初登于天，照四国也；后入于地，失则也。

【译】上六，不光明正大地行事，天下就一片黑暗；起初强行登上了天，后来终会坠入地下。

◎《象》解释道：起初升登到天上，光芒照耀各国；后来终究坠入地下，是失去了做人的原则和办事的准则。

【要诀】作茧自缚，恶有恶报。

明夷卦给我们的启示

1. 面对别人的过错，面对艰难困苦的境况，首先不要丢了自己做人的气节，要保持住光明磊落的德行，要明白气盛言宜的道理。在这个基础之上，应敢于直言进谏，敢于揭露问题，不怕自己的利益受到损害，这也是坚持做人原则的题中之意。

2. 在同不良的思想和行为作斗争时，应灵活变通、讲究策略。有的时候，单纯从正面入手，不仅百无用处，还会付出无谓的牺牲；避开对方的锋芒，把自己的过人之处也暂时隐藏，及时地以退为进，一样可以将事情办好。

3. 要注意自己思想品德的修养，关系到这一卦的主要是服众的问题。所谓得民心者得天下，从政、经商、教学……不论从事的是什么职业，赢得他人的尊敬和爱戴，赢得他人的信任和友爱，对你的成功无疑是有很大帮助。

家人卦第三十七
——团结守规日太平

〓 **（离下　巽上）**

家人，利女贞。

《彖》曰：家人，女正位乎内，男正位乎外，男女正，天地之大义也。家人有严君焉，父母之谓也。父父，子子，兄兄，弟弟，夫夫，妇妇，而家道正，正家而天下定矣。

《象》曰：风自火出，家人；君子以言有物而行有恒。

【译】家人卦象征家庭，有利于女子纯正。

◎《彖》解释道：家人卦，下卦即内卦"六二"阴爻阴位得中，是女子在内得正，上卦及外卦"九五"阳爻阳位得中，是男子在外得正，男主外，女主内，是他们各自的正位，是天地间的大义。家庭中有严厉的君长，父母就是。父母子女兄弟夫妇，各有各的位置，就是家道正；各家都有规矩，天下也就安定了。

◎《象》解释道：火蒸热气而成风，是风自火出，这就是家人卦；父母、君子说话要有威信、实在，不可空洞，行善事要有始有终，不可半途而废。

【要诀】团结友爱，乐善好施。

初九，闲有家，悔亡。

《象》曰：闲有家，志未变也。

【译】初九，无事的时候，也要注意严格家教，这样的家庭才是一个好家庭，令人悔恨的事情会消失的。

◎《象》解释道：无事的时候也严格家教，目的是防止发生变故。

【要诀】家教严格，申明纪律。

六二，无攸遂，在中馈，贞吉。

《象》曰：六二之吉，顺以巽也。

【译】六二，不要自作主张，追求功名，在家中就能烹饪和吃到可口的饭食，这是纯正而吉祥的。

◎《象》解释道："六二"的吉祥，是顺从了巽卦的"九五"的原因。

【要诀】努力奋斗，大展宏图。

九三，家人嗃嗃，悔厉，吉；妇子嘻嘻，终吝。

《象》曰：家人嗃嗃，未失也；妇子嘻嘻，失家节也。

【译】九三，家人太过严厉的训诫，可能会产生一些让人悔恨的事，但终归是吉祥；然而如果不严厉，任由家中的妇人和孩子随心所欲，最终的发展结果不会好。

◎《象》解释道：训诫太过严厉，不能说是失去了家道；但妇人子女随心所欲，就是家中失去了节制。

【要诀】从严治理，把握分寸。

六四，富家，大吉。

《象》曰：富家大吉，顺在位也。

【译】六四，能够使家庭财富增加，一定会非常吉祥。

◎《象》解释道：家庭富足了是大吉祥，是因为本爻位处中央而且是巽卦顺的开始。

【要诀】齐心协力，共创大业。

九五，王假有家，勿恤，吉。

《象》曰：王假有家，交相爱也。

【译】九五，君王如果用美德感格众人以此来管好自己的家，就会没有忧虑，是吉祥的。

◎《象》解释道：君王以美德感格众人以此来治理自己的家，就会相亲相爱。

【要诀】虚心学习，博采众长。

上九，有孚，威如，终吉。

《象》曰：威如之吉，反身之谓也。

【译】上九，治家的根本在于严格要求自己，如果能够诚实有信，树立起威信，终究是吉祥的。

◎《象》解释道：威严治家而能够吉祥，是因为对自己的要求很严格。

【要诀】一脉相承，富而思进。

❀ 家人卦给我们的启示 ❀

1. 治家和治国的道理相通，要有明确的法律法规。而且在具体执行的过程中，首先应该严格要求、从严治理，所谓没有规矩就不成方圆。如果没有一定的规矩，家庭、组织和国家就会变得混乱而无序，不利于发展。其次还应该把握好分寸，严格和宽松都是相对的，要学会随着时间和条件的变化而变通。

2. 家庭成员之间、组织成员之间、国家的民众之间，要学会团结友爱，都向着同一个目标前进。倘若有一个人稍有了私心杂念，就会影响整个事态的发展。与此同时，还应该做到因人而异，各人要发挥各人不同的优点，集中起来，就可战无不胜。

3. 要善于向他人学习，所谓取人之长、补己之短。优秀的经验都是他人在实践过程中总结出来的，并且被证明了是正确的、切实有用的。如果能把这些经验拿来加以研究和揣摩，将其中的精华与自己的发展实践很好地结合起来，就会收到事半功倍的效果，家庭、事业和国家的发展建设就会上升到一个新的层面。

睽卦第三十八
——全面灵活定成功

 （兑下 离上）

睽，小事吉。

《彖》曰：睽，火动而上，泽动而下，二女同居，其志不同行。说而丽乎明，柔进而上行，得中而应乎刚，是以小事吉。天地睽而其事同也，男女睽而其志通也，万物睽而其事类也。睽之时用大矣哉！

《象》曰：上火下泽，睽；君子以同而异。

【译】 睽卦象征对立，小心谨慎地去做事，就能获得吉祥。

◎《彖》解释道：睽卦的上卦是离卦，代表火，下卦是兑卦，代表泽，火动向上而泽动向下。离卦是中女，兑卦是少女，二女同住，想法却不能统一。同时下卦"兑"又是悦，代表喜悦，上卦"离"又是光明，悦依附于光明；而阴柔升登到"六五"尊位，得正并与"九二"的阳刚相应。这就是小事吉祥。天地相反，却有着共同的作用；男女相反，却能沟通思想；万物不同，但是有类似之处。相反又相同，这道理真大啊！

◎《象》解释道：上卦的"离"是火，下卦的"兑"是泽，这就是睽卦。君子能够从同中见异，从异中见同。

【要诀】 辩证思维，多点透视。

初九，悔亡；丧马，勿逐，自复；见恶人，无咎。

《象》曰：见恶人，以辟咎也。

【译】初九，一切悔恨的事情消失了。马丢了，不必去追寻，它自己会回来；和颜对待与自己对立的恶人，也不会有危险。

◎《象》解释道：和颜对待与自己对立的恶人，是为了避免矛盾激化的祸患。

【要诀】全面分析，相对而言。

九二，遇主于巷，无咎。

《象》曰：遇主于巷，未失道也。

【译】九二，在小胡同里遇见了居于高位者，虽然不合常规，但没有灾祸。

◎《象》解释道：在小胡同里遇见居于高位者，并没有失掉道义和准则。

【要诀】因时而变，因地制宜。

六三，见舆曳，其牛掣，其人天且劓，无初有终。

《象》曰：见舆曳，位不当也；无初有终，遇刚也。

【译】六三，看到一辆牛拉的车，那头牛被牵制住，制牛的人额上刺着字并且受了削鼻之刑，这是他当初有罪而现在改好了。

◎《象》解释道：看到牛被牵扯，是因为位不正；先有罪后而改过，是因为有"上九"阳刚相应。

【要诀】相反相成，促进转化。

九四，睽孤，遇元夫；交孚，厉，无咎。

《象》曰：交孚无咎，志行也。

【译】九四，一个孤独的人，遇到一个成年男子，便诚信相交，成为朋友，这样做虽有危险，但终究没有灾祸。

◎《象》解释道：诚信相交而结为朋友，是因为双方的志向相同。

【要诀】打破封闭，广交挚友。

六五，悔亡，厥宗噬肤，往，何咎？

《象》曰：厥宗噬肤，往有庆也。

【译】六五，令人悔恨的事消失了，同宗族的人就像一起咬住肉那样团结，同心前进，会有什么灾祸呢？

◎《象》解释道：同宗族的人团结一致，在此基础上前进，就会有喜庆。

【要诀】团结一致，事半功倍。

上九，睽孤，见豕负涂，载鬼一车，先张之弧，后说之弧；匪寇，婚媾，往遇雨，则吉。

《象》曰：遇雨之吉，群疑亡也。

【译】上九，一个孤独的人，看到满身是泥的猪，又看到大车上坐着一些鬼，于是他先张开弓，又放下弓；原来这不是敌人匪徒，而是遇到了迎亲的队伍。这样的人遇到雨，让雨淋一下而头脑变清醒了就会吉祥。

◎《象》解释道：遇到雨之所以吉祥，是因为各种怀疑消失了。

【要诀】全面分析，透视本质。

睽卦给我们的启示

1. 观察事物、看问题，要学会站在不同的角度、运用全面的眼光，不能单纯地用统一的模式去思考所有的问题，那样不仅解决不了问题，还会带来更多的麻烦。

2. 事物的高与低、多与少、美与丑等都不是绝对的，它们在一定的条件下可以向相反的方向转化。我们应该积极创造条件，促进事物向着理想的方向、向着我们既定的目标发展。

　　3. 为人处世，不应该将自我封闭起来，那样思维会变得僵化，不利于成功。正确的态度应当是，走出自我的小天地，融入到广阔的世界中去，广交朋友、广结人脉，这样才能够取得成功。

❀ 蹇卦第三十九 ❀
——休养生息解困境

（艮下 坎上）

蹇，利西南，不利东北；利见大人，贞吉。

《彖》曰：蹇，难也，险在前也。见险而能止，知矣哉！蹇利西南，往得中也；不利东北，其道穷也；利见大人，往有功也；当位贞吉，以正邦也。蹇之时用大矣哉！

《象》曰：山上有水，蹇；君子以反身修德。

【译】蹇卦象征陷入困境，往西南有利，往东北不利；见到刚健、有德行的君子有利，纯正吉祥。

◎《彖》解释道：蹇，困难的意思，因为其上卦是坎卦，表示前面有艰险。其下卦是艮卦，表示停止，见到有艰险而能够停下来，是明智的。往西南有利，是因为前进就能达到中正的位置；往东北不利，是因为遇到艰险的阻碍就没有道路了；刚健有德行的君子出现了有利，是前进就会有功。位置正又能坚持纯正吉祥，这就可以用来治理国家。困难的变化因时不同，明白这个道理用处很大。

◎《象》解释道：上卦"坎"为水，下卦"艮"为山，山上有水，这就是蹇卦。君子应该经常反省和加强自身的道德修养。

【要诀】巧避锋芒，坚持不懈。

初六，往蹇，来誉。

《象》曰：往蹇来誉，宜待也。

【译】初六，前行必定会遇到困难，回到自己的位置会有荣誉。

◎《象》解释道：去有困难回来则荣利，是因为需要等待。

【要诀】静观其变，伺机而动。

六二，王臣蹇蹇，匪躬之故。

《象》曰：王臣蹇蹇，终无尤也。

【译】六二，王的臣做事就非常困难，处处涉险，这不是为了自身。

◎《象》解释道：王的臣愿意冒险前行，终究也不会有怨尤的。

【要诀】因公忘私，顾全大局。

九三，往蹇，来反。

《象》曰：往蹇来反，内喜之也。

【译】九三，向前遇到险阻，便返回来。

◎《象》解释道：向前遇险便返回，回到内卦（下卦"艮"）是喜庆的。

【要诀】虚怀若谷，广纳贤才。

六四，往蹇，来连。

《象》曰：往蹇来连，当位实也。

【译】六四，前进有危险，后退也有困难。

◎《象》解释道：进退两难，好在"六四"是阴爻阴位得正，没有什么灾祸。

【要诀】处变不惊，默默积蓄。

九五，大蹇，朋来。

《象》曰：大蹇朋来，以中节也。

【译】九五，极其困难的时候，朋友前来帮助了。

◎《象》解释道：极其困难的时候朋友来助，是因为位处中正而且节操高尚。

【要诀】有人相助，遇难呈祥。

上六，往蹇，来硕，吉；利见大人。

《象》曰：往蹇来硕，志在内也；利见大人，以从贵也。

【译】上六，前进有艰险，回来则吉利；与德才兼备的君子协作才会有利。

◎《象》解释道：前行有难回来则显大吉，是因为内心有伟大的志向；与君子协作有利，是因为要追随其高尚可贵的节操。

【要诀】意志坚定，诚心受助。

✿ 蹇卦给我们的启示 ✿

1. 在日常生活中，不管遇到多大的困难，哪怕是身处绝境也不能心慌意乱。应平心静气地修炼身心，静观其变。等到我们看准了事物的发展态势，积蓄足够的实力，再采取下一步行动也不迟；最忌讳的就是沉不下心又静不下性，贸然强进或颓然放弃，这是没有一点儿益处的。

2. 在处理个人与集体、小家与大国的关系上，应该适当地以大局为重、以集体利益为重、以国家荣誉为重。这是因为个人是集体的一部分，每个人都是国家中的一员，只有集体的、国家的情况发展好了，才能给每个人的成长营造出一个更好的环境，让每个人在物质生活和精神生活上得到更大的进步。

3．要广交朋友。俗话说："多个朋友多条路"。朋友在关键时刻的援助对我们克服困难和发展进步能起到重要的作用。我们在交朋友时，应该拿出真心和诚意，这样才能交到真正的患难挚友；而且在自己身处困境而朋友伸来援手之际，不要有所顾虑，应真诚地接受。因为此时，只有这只手能把你拉出困顿的泥潭。

 解卦第四十
——伺机而动化矛盾

☰☵（坎下　震上）

解，利西南。无所往，其来复，吉。有攸往，夙吉。

《彖》曰：解，险以动，动而免乎险，解。解利西南，往得众也；其来复吉，乃得中也；有攸往，夙吉，往有功也。天地解而雷雨作，雷雨作而百果草木皆甲坼。解之时大矣哉！

《象》曰：雷雨作，解；君子以赦过宥罪。

【译】解卦象征灾祸危难的舒解，往西南有利。没有危难就无须前往舒解，返回安居其所是吉祥的。去解决困难的话，迅速果断早解决才是吉祥的。

◎《彖》解释道：解卦，其下卦是坎卦，为艰险；其上卦是震卦，为动；行动而能解除危险，所以称为解卦。往西南去解除困难有利，是因为可以得到民众的支持。没有危难就无须前往舒解，返回安居其所有利，是因为可以得到中位。迅速前行会有吉利，因为这样做会有功绩。在春天，天地解冻，雷雨出现，各种花草树木都破土发芽。"解"在时间上太重要了！

◎《象》解释道：雷雨交加，是解卦。君子要赦免那些有过错的人，并宽恕有罪的人。

【要诀】积极应对，克服困难。

初六，无咎。

《象》曰：刚柔之际，义无咎也。

【译】初六，（险难初解）没有过错和灾难。

◎《象》解释道："初六"与"九四"刚柔相应，本意是没有灾祸的。

【要诀】积极进取，克服困难。

九二，田获三狐，得黄矢，贞吉。

《象》曰：九二贞吉，得中道也。

【译】九二，狩猎时捕获了三只狐狸，还得到了别人遗落的铜箭头，纯正吉祥。

◎《象》解释道："九二"纯正吉祥，是因为其位置在中。

【要诀】主动出击，以正胜邪。

六三，负且乘，致寇至，贞吝。

《象》曰：负且乘，亦可丑也；自我致戎，又谁咎也？

【译】六三，背着财物坐在车上，结果使强盗来犯，守持正固防止危难。

◎《象》解释道：背着财物坐在车上，这是不合身份、不合时宜的，自己招来强盗，又是谁的过错呢？

【要诀】戒贪节欲，缜密防范。

九四，解而拇，朋至斯孚。

《象》曰：解而拇，未当位也。

【译】九四，解开了脚趾的束缚，出色地化解了矛盾，朋友也会诚挚地来与你交往。

◎《象》解释道：之所以要解开脚趾的束缚，是因为本爻所处位置不正。

【要诀】克服困难，助人为乐。

六五，君子维有解，吉；有孚于小人。

《象》曰：君子有解，小人退也。

【译】六五，君子唯有与小人脱离了关系，针对一些主要矛盾去解决问题，才会吉祥；对小人也要有诚信的态度。

◎《象》解释道：君子能从困难中解脱，小人的纠缠便会消退。

【要诀】解决困难，摆脱小人。

上六，公用射隼于高墉之上，获之，无不利。

《象》曰：公用射隼，以解悖也。

【译】上六，王公在高墙上用弓箭射鸟，射中了，这没有什么不利的。

◎《象》解释道：王公射落飞鸟，是从悖逆的困境中解脱出来。

【要诀】坚定信念，不畏艰险。

解卦给我们的启示

1. 在日常的工作和学习中，要有吃苦耐劳的精神，要勇于面对困难、敢于接受挑战。在与矛盾作斗争的过程中，可以历练出丰富的经验，这便是进一步化解困难的基础。同时，针对不同性质的矛盾，应该采取不同的解决方法，还应该分清主次，优先对付主要矛盾和主要问题。

2. 发展和成长的外界环境对一个人来说十分重要，应当重视。所谓"蓬生麻中，不扶而直；白沙在涅，与之俱黑"。人如果不考虑外界环境的因素，只是从一己的、主观的愿望出发，那么最终不仅不会达到既定的目标，还会事倍功半，得不偿失。

3. 遇到困难、解决问题的时候，思路要开阔，头脑要灵活，不能拘泥于事物的一个点、一个面、一个层次上，那样就会钻入死胡同，得不出正确的答案，费力不讨好。应当开动脑筋，进行多层次的思考。"条条大路通罗马"，说的就是我们采取不同的策略，选择各异的行进道路，是可以抵达同一个目的地的。

损卦第四十一

——有舍有得赢人心

 （兑下 艮上）

损，有孚，元吉，无咎，可贞，利有攸往。曷之用？二簋可用享。

《彖》曰：损，损下益上，其道上行。损而有孚，元吉，无咎，可贞，利有攸往，曷之用，二簋可用享，二簋应有时，损刚益柔有时。损益盈虚，与时偕行。

《象》曰：山下有泽，损；君子以惩忿窒欲。

【译】 损卦象征减损，有诚信，呈现吉祥，没有灾祸，纯正而有利于行动。祭祀的时候用什么？两竹盒祭品就行了。

◎《彖》解释道：损卦，减少下卦的一个阳爻，增加上卦的一个阳爻（指此卦由泰卦演变而来），其运行方向是自上而下的。损时要有诚信，自然就纯正吉祥，没有灾祸了，纯正并且有利行动。损时用什么祭祀呢？两竹盒祭品就够了，而这两竹盒祭品应该随时间的变化而变化。减损刚的方面和增加柔的方面也有客观条件，减少和增加、盈余和亏损都随时间的变化而不同。

◎《象》解释道：损卦的上卦是艮卦，代表山，下卦是兑卦，代表泽，山下有泽，就是损卦；君子应该克制自己心中的愤怒，压制自己非分的欲念。

【要诀】 同甘苦、共患难，取信于人。

初九，已事遄往，无咎，酌损之。

《象》曰：已事遄往，尚合志也。

【译】初九，停下自己的事情速去增援，这种损己利人的行动不会有灾祸，但要斟酌自己的力量，减损适度。

◎《象》解释道：停下自己的事情速去支援，是因为本爻与"六四"爻阴阳相应，志趣相投。

【要诀】助人为乐，量力而行。

九二，利贞，征凶；弗损，益之。

《象》曰：九二利贞，中以为志也。

【译】九二，守住纯正就有利，应征前进就有凶险；不用自我减损就可施益于上。

◎《象》解释道："九二"利于守持正固，说明应当以坚守中道作为自己的志向。

【要诀】明辨事理，助人有度。

六三，三人行，则损一人；一人行，则得其友。

《象》曰：一人行，三则疑也。

【译】六三，三个人一起行路，就会有一个人离去；而一个人独行，就会有朋友前来相伴。

◎《象》解释道：一个人独行则可以专心求合，三人同行将使对方疑惑无主。

【要诀】优势互补，均衡发展。

六四，损其疾，使遄有喜，无咎。

《象》曰：损其疾，亦可喜也。

【译】六四，减少自己的疾病，使之很快就有好转，这样没有灾祸。

◎《象》解释道：减少自己的疾病，说明"六四"接纳阳刚有好转。

【要诀】知错能改，善莫大焉。

六五，或益之十朋之龟，弗克违，元吉。

《象》曰：六五元吉，自上祐也。

【译】六五，有人进献价值"十朋"的大宝龟，无法辞谢，这样就是大吉祥。

◎《象》解释道："六五"至为吉祥，这是从上天施予祐助。

【要诀】无私助人，义薄云天。

上九，弗损，益之，无咎，贞吉，利有攸往；得臣无家。

《象》曰：弗损益之，大得志也。

【译】上九，不用自我减损，亦可施益于人，不会有什么灾祸；保持纯正就会吉祥，有利于行动，可以使人臣服。

◎《象》解释道：不用自我减损，亦可施益于人，说明"上九"大得施惠天下的心志。

【要诀】损人利己，自取灭亡。

🌺 损卦给我们的启示 🌺

1.在日常生活中，应当坚持诚信的为人处世原则。不论是工作还是与人交往，都要有诚实守信的态度，都要取信于人。若在交往的过程中，只是一味地自私自利，总算计着怎样让自己多沾一分利而少吃一点亏，是不可能交上真心的朋友的；也不可能让自己的事业顺利发展，失败的结局是不可避免的。

2. 在生活中要保持一种健康向上、积极乐观的心态。这既包括在自己陷于困境时的咬牙坚守、在亲人朋友受难时的乐于助人，也包括能与自己的亲人朋友或者合作伙伴同甘共苦。只要自己保持高尚的节操，在朋友困难时无私地伸出援手，并且与需要帮助的人心贴心地站在一起，就没有越不过的障碍。

3. 对事物的观察和分析应该认真和全面。应该懂得作为普通的人，为人处世总会有对有错，只要我们以正确态度面对自己的错误，积极改正，就能够健康地成长；而事物的发展也讲究一个均衡的原则，内部关系不平衡的事物，其发展道路就不会一帆风顺。各方面的均衡才有和谐的发展。

益卦第四十二

——不计小利成大事

 （震下　巽上）

益，利有攸往，利涉大川。

《彖》曰：益，损上益下，民说无疆。自上下下，其道大光。利有攸往，中正有庆；利涉大川，木道乃行。益动而巽，日进无疆。天施地生，其益无方。凡益之道，与时偕行。

《象》曰：风雷，益；君子以见善则迁，有过则改。

【译】益卦象征增益，有利于前往，有利于涉过大河险阻。

◎《彖》解释道：益卦是减损上方，增益下方，这样能使人民感到无比的快乐。由上而下使人民受益，他的道义就能大放光明。利于有所前往，是因为尊者居中得正，天下必有喜庆；利于涉越大河，是因为木船在水上漂浮，发挥了功用。顺着道理而行动，必然每天都能有所增益，以至无穷。天地生育万物，它所能增益的没有限量。凡是使他人增益的道理，一定要注意时间的因素，见机行事。

◎《象》解释道：风与雷相互助长，气势便能有所增益。君子也应当效仿这一精神，见到他人比自己优秀善良之处，就毫不迟疑地向他学习，自己有了过错，要及时地改正。

【要诀】虚怀若谷，让利于人。

初九，利用为大作，元吉，无咎。

《象》曰：元吉无咎，下不厚事也。

【译】初九，利于大有作为，非常吉祥，没有灾祸。

◎《象》解释道：大吉大利，没有灾祸，下民本来不能胜任上级过重的负担（但此时获益可大有作为）。

【要诀】为民着想，不与民争利。

六二，或益之十朋之龟，弗克违，永贞吉；王用享于帝，吉。

《象》曰：或益之，自外来也。

【译】六二，在增益的时候，有人赠送价值十朋的宝龟，不能推辞。这是很好的征兆，须永远守正，才能得吉祥；王在此增益之时，也可以用来祭祀先帝，这是吉利的。

◎《象》解释道：有人来增益，这是从外得来的。

【要诀】抓住机遇，积极进取。

六三，益之，用凶事，无咎；有孚中行，告公用圭。

《象》曰：益用凶事，固有之也。

【译】六三，用增益的东西拯救凶事，没有灾祸；有诚信，行中道，时时像用圭璧告急于王公一样虔心恭敬。

◎《象》解释道：用增益之物来拯救凶事是本来应有的事。

【要诀】诚信为本，不卑不亢。

六四，中行，告公从，利用为依，迁国。

《象》曰：告公从，以益志也。

【译】六四，行中庸之道，告诉王公应当迁徙国都，能获得他的遵从，利于依附君上迁都益民。

◎《象》解释道：报告王公而被依从，能增益他安国的心志。

【要诀】大公无私，统筹兼顾。

九五，有孚，惠心，勿问，元吉；有孚，惠我德。

《象》曰：有孚惠心，勿问之矣；惠我德，大得志也。

【译】九五，怀有真诚信实地施惠天下的心愿，毫无疑问是非常吉祥的；天下万民也必将真诚信实地回报我的恩德。

◎《象》解释道：怀有真诚信实地施惠天下的心愿，说明非常吉祥是不用问的；天下万民回报我的恩德，说明"九五"大得损上益下的心志。

【要诀】施惠于民，眼光长远。

上九，莫益之，或击之，立心勿恒，凶。

《象》曰：莫益之，偏辞也；或击之，自外来也。

【译】上九，没有人来增益它，反而有人来打击，立心没有恒常，有凶险。

◎《象》解释道：没有人来增益它，说的是普遍情况；有人来打击它，这是从外部不招自来的凶险。

【要诀】忌贪得无厌，保持平常心。

益卦给我们的启示

1.有志于建功立业的人们，在创业的时候，要有长远的眼光，以人才为重，人心为重，不计较小利，尽量为下属谋求更好的待遇。只有这样，才能留住人才，并且提高他们的工作积极性，从而增加整个集体的凝聚力，实现集体的良性发展。

2. 要努力塑造自己良好的公众形象，能够虚心听取别人的意见，有过则改，关心爱护下属，这样才能更好地树立威信，赢得人心。在遭遇困境时，不可气馁消沉，而要积极寻求帮助，抓住契机以图东山再起。

❀ 夬卦第四十三 ❀
——刚柔相济得太平

䷪（乾下 兑上）

夬，扬于王庭，孚号有厉。告自邑，不利即戎，利有攸往。

《彖》曰：夬，决也，刚决柔也；健而说，决而和。扬于王庭，柔乘五刚也；孚号有厉，其危乃光也；告自邑，不利即戎，所尚乃穷也；利有攸往，刚长乃终也。

《象》曰：泽上于天，夬；君子以施禄及下，居德则忌。

【译】夬卦象征决断，宣扬法令于朝廷之上，并以诚信为号召。有危险自边疆来告，不要立即出兵，而应先去了解情况。

◎《彖》解释道：夬，决的意思，阳刚决断阴柔。下卦为乾是健，上卦为兑是悦，决断不可严厉仍应平和。宣扬法令于王廷，是一阴在五阳爻之上。不以诚信为号召有危险，那危险就会暴露明显。边疆有危来告立即出兵不利，是因为崇尚武力只是一条死路；有利于行动，是因为阳刚生长最终会成为乾卦。

◎《象》解释道：大泽到了天上，就是夬卦。君子从中得到启示，要把利禄布施给下面，不可以居功自傲。

【要诀】刚柔相济，辅以感化。

初九，壮于前趾，往不胜，为咎。

《象》曰：不胜而往，咎也。

【译】初九，前面的脚趾强壮，若贸然行动，不能取胜必有灾祸。

◎《象》解释道：不能取胜而去行动，会有灾祸。

【要诀】行事谨慎，不可冒进。

九二，惕号，莫夜有戎，勿恤。

《象》曰：有戎勿恤，得中道也。

【译】九二，时刻警惕呼号，即使黑夜敌人来犯，也不用担心。

◎《象》解释道：有敌进攻而无忧，是因为能够很好地把握中庸之道。

【要诀】以守代攻，伺机而动。

九三，壮于頄，有凶，君子夬夬；独行，遇雨若濡，有愠，无咎。

《象》曰：君子夬夬，终无咎也。

【译】九三，颧骨强壮怒形于色，有凶险。君子应刚毅果断，独自前往，遇雨被淋湿甚至受人嫌疑被人愠怒，但不会遭遇灾祸。

◎《象》解释道：君子刚毅果断，最终没有灾祸。

【要诀】谦和低调，不可强为。

九四，臀无肤，其行次且；牵羊悔亡，闻言不信。

《象》曰：其行次且，位不当也；闻言不信，聪不明也。

【译】九四，臀部没有皮肤，行走很艰难；牵羊让它自由地行走，就不会发生后悔的结果。听到话固执地不去相信。

◎《象》解释道：之所以行走艰难，是因为没摆正位置；听不进忠告，是因为愚蠢地将听到的话当做耳边风。

【要诀】兼听则明，偏听则暗。

九五，苋陆夬夬，中行无咎。

《象》曰：中行无咎，中未光也。

【译】九五，像铲除苋陆草一样果断地清除小人，行于中道没有灾祸。

◎《象》解释道：行于中道没有灾祸，是居中位还未光大。

【要诀】不动声色，一举歼灭。

上六，无号，终有凶。

《象》曰：无号之凶，终不可长也。

【译】上六，号叫也没有用处，最终必会有凶险。

◎《象》解释道：号叫也凶险难逃，小人高居在君子的头上，最终必然是不能长久的。

【要诀】坚守正道，克制私欲。

🌸 夬卦给我们的启示 🌸

1. 我们在制订计划的时候，一定要考虑周全，既要端正自己的心态，对自己的能力有一个正确的评估，同时又要对事情的发展趋势和可能碰到的困难有一个大概的认识。在执行计划时要谨慎行事，切不可轻举妄动。

2. 在处理人际关系，包括对待下属以及对待竞争对手时，要努力保持一种威严的身份，同时不能咄咄逼人，以免招致报复。尽量做到刚柔相济，恩威相施。对于和自己有利益冲突关系的人要保持警觉，对可能出现的突发情况要有心理准备。

3. 在面对实力强劲的竞争对手时，如果想要在竞争中获胜一定要做到以下两点：一是学会隐忍，低调行事，让对手放松对你的警惕；二是学会把握时机，在关键的时候不可迟疑不决，应出手果断，给对手以毁灭性打击，以免被反击。

❀ 姤卦第四十四 ❀
——防微杜渐免祸害

（巽下 乾上）

姤，女壮，勿用取女。

《彖》曰：姤，遇也，柔遇刚也。勿用取女，不可与长也。天地相遇，品物咸章也；刚遇中正，天下大行也。姤之时义大矣哉！

《象》曰：天下有风，姤；后以施命，诰四方。

【译】姤卦象征相遇，女子过分强盛（遇男人过多），则不宜娶做妻子。

◎《彖》解释道：姤，意思是遇合，阴柔遇到阳刚就与之结合。这样的女子不宜娶做妻子，是因为不可与行为不正的女子长久相处。天地万物相互遇合，各类事物的发展都显明昭彰；刚者若能遇合居中守正的柔者，人伦教化就能大为通畅。遇合合乎时宜，其意义是多么重大啊！

◎《象》解释道：天下吹拂着和风（无物不遇），象征着遇合；君王因此施发政令，传告四方。

【要诀】在适当的时候做适当的事。

初六，系于金柅，贞吉；有攸往，见凶；羸豕孚蹢躅。

《象》曰：系于金柅，柔道牵也。

【译】将"初六"牢牢地系在金属制动器上，阻止其前进的步伐才能万事大吉。如果让其自由地发展，很容易发生凶险。虽然此时它很弱小，像一只羸弱的小猪，但它不停地徘徊，寻找前进的机会。

◎《象》解释道：将"初六"牢牢地系在金属制动器上，因为阴柔必须受到阳刚的牵制。

【要诀】防微杜渐，处事果断。

九二，包有鱼，无咎，不利宾。

《象》曰：包有鱼，义不及宾也。

【译】九二，把鱼用茅草包起来，就不会遭到灾祸，以鱼宴请宾客则不利。

◎《象》解释道：把鱼用茅草包起来，从道义上说，是不能用来宴请宾客的。

【要诀】大度能容，有效防止。

九三，臀无肤，其行次且，厉，无大咎。

《象》曰：其行次且，行未牵也。

【译】九三，臀部没有皮肤，行动起来很困难，情况虽然比较严重，但不会有太大的灾祸。

◎《象》解释道：行动起来很困难，说明"九三"无法真正牵制住"初六"。

【要诀】量力而行，不可勉强。

九四，包无鱼，起，凶。

《象》曰：无鱼之凶，远民也。

【译】九四，用茅草包不住鱼，兴起争执，就会有凶险。

◎《象》解释道：包不住鱼而产生凶险，说明远离下民，失去民心。

【要诀】忍让有度。

九五，以杞包瓜，含章，有陨自天。

《象》曰：九五含章，中正也；有陨自天，志不舍命也。

【译】九五，用杞树枝叶覆盖住树下的瓜，内心含有章显的美德，必然会有美好的遇合从天而降。

◎《象》解释道："九五"内心含有章显的美德，是由于它居中守正；必然会有美好的遇合从天而降，说明其心志符合天命。

【要诀】手段灵活，大事化小。

上九，姤其角，吝，无咎。

《象》曰：姤其角，上穷吝也。

【译】上九，处于"姤"的极点，不遇阴也不制阴，没有灾祸。

◎《象》解释道：处于"姤"的极点，不遇阴也不制阴，是因为它处于姤卦穷极的缘故。

【要诀】不居其位，不谋其政。

姤卦给我们的启示

1. 要学会在适当的时机做适当的事，碰到任何困难都要坦然面对。对于突然出现的变故要能够用柔和而果断的方式予以及时控制，将危害降低到最小程度，避免矛盾的激化。

2. 要学会包容别人的缺点，以温和的态度和手段加以对待，这样才不会招致激烈的反抗和报复。在此前提下，创造有利的条件，对其加以感化和教育。即使无法对其施加具体的影响，也要将其控制在自己的视野范围内，等待时机，将其改造。

3. 要有自知之明，有些难题或恶势力是我们无力控制和改变的。这时候如果强行与之作斗争，不但会打草惊蛇，毫无效果，还会造成不必要的牺牲。

萃卦第四十五

——德行兼备聚人心

（坤下　兑上）

萃，亨。王假有庙。利见大人，亨，利贞。用大牲，吉，利有攸往。

《彖》曰：萃，聚也。顺以说，刚中而应，故聚也。王假有庙，致孝享也；利见大人亨，聚以正也；用大牲吉，利有攸往，顺天命也。观其所聚而天地万物之情可见矣。

《象》曰：泽上于地，萃；君子以除戎器，戒不虞。

【译】萃卦象征会聚，亨通。君王用美德感动神灵以保佑宗庙祭祀。利于见有德望的人，前景亨通而利于守持正固。用大牲畜祭祀可获吉祥，利于有所前往。

◎《彖》解释道：萃，意思是会聚。在下者顺从而在上者和悦，阳刚者守持中道并应和于阴柔者，所以能会聚众人。君王用美德感动神灵以保佑宗庙祭祀，要表现出对祖先的忠孝与祭祀的至诚之心。利于见有德望的人，前景亨通，说明会聚之时要有德高望重的人的领导以遵循正道。用大牲畜祭祀可获吉祥，利于有所前往，因为这样做是顺乎自然规律的。观察这种"会聚"现象，天地万物的性情就可以明白了。

◎《象》解释道：水泽居于地上，象征着会聚；君子因此修制兵器，戒备群聚所生的不测之乱。

【要诀】领导群英，施惠于下。

初六，有孚不终，乃乱乃萃；若号，一握为笑，勿恤，往无咎。

《象》曰：乃乱乃萃，其志乱也。

【译】初六，有诚信之心但不能自始至终，导致行动疑乱，急于会聚而分不清对象。如果专情向上呼告，就能与真正的朋友一握手间重见欢笑，不要有所顾虑，一往无前，不会遭到灾祸。

◎《象》解释道：行动疑乱，急于会聚而分不清对象，是因为其心志已乱。

【要诀】心志专一，诚信待人。

六二，引吉，无咎，孚乃利用禴。

《象》曰：引吉无咎，中未变也。

【译】六二，受人招引而相聚可获吉祥，没有灾祸。只要心怀诚信，即使是简薄的禴祭也利于献享神灵。

◎《象》解释道：受人招引而相聚可获吉祥，没有灾祸，说明"六二"居中守正的心志没有改变。

【要诀】有为而聚，持中守正。

六三，萃如，嗟如，无攸利；往无咎，小吝。

《象》曰：往无咎，上巽也。

【译】六三，欲求相聚而得不到响应，不由得嗟叹自己命运不好，无所利益；往前并无灾祸，但小有遗憾。

◎《象》解释道：往前并无灾祸，说明"六三"能够向上顺从于阳刚。

【要诀】不要悲观，奋发努力。

九四，大吉，无咎。

《象》曰：大吉无咎，位不当也。

【译】九四，必须大为吉祥，才能没有灾祸。

◎《象》解释道：必须大为吉祥，才能没有灾祸，是因为其居位不当。

【要诀】不可功高震主。

九五，萃有位，无咎，匪孚；元永贞，悔亡。

《象》曰：萃有位，志未光也。

【译】九五，会聚之时得其正位，没有灾祸。但其德行还未能广泛取信于众，应当永久守持正固，则不会有悔恨。

◎《象》解释道：会聚之时得其正位，但会聚天下的志向未能完全光大、实现。

【要诀】正己修身，凝聚众人。

上六，赍咨，涕洟，无咎。

《象》曰：赍咨涕洟，未安上也。

【译】上六，难过叹息，伤心流泪，但是没有灾祸。

◎《象》解释道：难过叹息，伤心流泪，说明"上六"未能安居于极上之地。

【要诀】孤立无援，需要小心。

❀ 萃卦给我们的启示 ❀

1.在事业发展成熟、上下关系融洽的时候，领导者要充分利用这一时机，不骄不躁，给员工以更多的福利，使得这个集体更具凝聚力。否则，很容易盛极而衰，出现问题。

2.身为中层的领导者，既要团结好下属，将工作搞好，同时不能居功自傲，要能体察上司的心思。如果只是一味地拉拢下属，搞小团体主义，很容易遭到上司的忌惮，甚至被罢弃。

　　3. 领导者要注意自身德行的修养，在下属面前要树立良好的形象，这样才能赢得下属的信任和依赖，使集体更加团结，增进集体的凝聚力。

☷ 升卦第四十六 ☷
——顺势而升成大器

≣（巽下 坤上）

升，元亨，用见大人，勿恤。南征，吉。

《彖》曰：柔以时升，巽而顺，刚中而应，是以大亨。用见大人，勿恤，有庆也。南征吉，志行也。

《象》曰：地中生木，升；君子以顺德，积小以高大。

【译】升卦象征上升，非常亨通，利于见德高望重的人，无须忧虑，向光明的南方进发必有吉祥。

◎《彖》解释道：以柔顺之道适时而升，顺乎情理，阳刚居中而又能向上应和于尊者，所以大为吉祥。利于见德高望重的人，无需忧虑，必将有喜庆。向光明的南方进发必有吉祥，说明上升的心志得以畅行。

◎《象》解释道：地中生长出树木，象征上升；君子顺行其美德，积累小善以成就崇高伟大的事业。

【要诀】积小成大，聚少成多。

初六，允升，大吉。

《象》曰：允升大吉，上合志也。

【译】初六，宜于上升，大获吉祥。

◎《象》解释道：宜于上升，大获吉祥，说明"初六"上承二阳的心志而与之俱升。

【要诀】虚心学习，尽快成长。

九二，孚，乃利用禴，无咎。

《象》曰：九二之孚，有喜也。

【译】九二，只要心怀诚信，即使是简薄的禴祭也利于献祭神灵，没有灾祸。

◎《象》解释道："九二"的诚信美德，必将带来喜庆。

【要诀】心怀诚信，处事得体。

九三，升虚邑。

《象》曰：升虚邑，无所疑也。

【译】九三，升进到无人的村落。

◎《象》解释道：升进到无人的村落，是不用有任何疑虑的。

【要诀】抓住机遇，积极进取。

六四，王用亨于岐山，吉，无咎。

《象》曰：王用亨于岐山，顺事也。

【译】六四，君王让其在岐山祭祀神灵，吉祥，没有灾祸。

◎《象》解释道：君王让其在岐山祭祀神灵，说明"九四"能顺从君上，建功立业。

【要诀】赤胆忠心，赢得信任。

六五，贞吉，升阶。

《象》曰：贞吉升阶，大得志也。

【译】六五，守持正固可获吉祥，登上台阶以获尊位。

◎《象》解释道：守持正固可获吉祥，登上台阶以获尊位，说明"六五"大遂上升的心志。

【要诀】坚守正道，善于用人。

上六，冥升，利于不息之贞。

《象》曰：冥升在上，消不富也。

【译】上六，昏昧至极却依旧上升，必须不停地坚守正道，才会有利。

◎《象》解释道：昏昧至极却依旧上升，说明"上六"的发展趋势必将削弱不能富盛。

【要诀】适可而止，不可贪得无厌。

❀ 升卦给我们的启示 ❀

1. 我们在刚走上一个新岗位时，要虚心向工作经验丰富、有能力的人学习，这样才能加快自己进步的速度，迅速成长起来。在日常工作中处事要得体，即使觉得自己个人能力很强，也应该保持谦逊和诚恳的态度，这样才能受到同事的欢迎和领导的器重。

2. 当自己处在单位的中上层时，要妥善处理好与上级的关系。在上级面前态度一定要严肃真诚，不要让他感到你对他形成了威胁，应尽力维持领导对自己的信任。

3. 要能够信任和依赖有能力的下属，一个人的力量毕竟是有限的，要取人之长，补己之短。位子坐得越高，越要谦虚谨慎，如果发现自己已经无力应付自己的职务，要懂得节制，必要的时候甚至可以选择激流勇退，否则可能会遭受意想不到的损失。

困卦第四十七

——身陷困境不屈服

（坎下 兑上）

困，亨。贞，大人吉，无咎。有言不信。

《彖》曰：困，刚掩也。险以说，困而不失其所，亨，其唯君子乎？贞，大人吉，以刚中也；有言不信，尚口乃穷也。

《象》曰：泽无水，困；君子以致命遂志。

【译】困卦象征穷困，但努力自救必能获得亨通。因为君子能够坚守正道，所以可获吉祥，不会招来灾祸。不过此时纵然有所言语，也很难见信于人。

◎《彖》解释道：穷困，表明阳刚被掩蔽无法伸展。面临艰险而心中保持愉悦，这样虽处逆境也不失亨通的前景，大概也只有君子能做到吧？君子最终能获得吉祥，是因为君子具备刚直中和之道的缘故；有所言语而不会被人相信，是因为一味地崇尚言辞，不但无益，反而会在困境中越陷越深。

◎《象》解释道：泽中无水，象征穷困。君子因此当穷困之时，宁可舍弃自己的生命，也要坚持实现自己的崇高志向。

【要诀】坚守信念，少说多做。

初六，臀困于株木，入于幽谷，三岁不觌。

《象》曰：入于幽谷，幽，不明也。

【译】初六，臀部被困于秃树干之下，不能安处。只得退居幽暗的山谷之中，三年见不到光明。

◎《象》解释道：退居幽暗的山谷之中，是由于外部环境昏暗不明造成的。

【要诀】远身避害，静观时变。

九二，困于酒食，朱绂方来，利用享祀，征凶，无咎。

《象》曰：困于酒食，中有庆也。

【译】九二，酒食贫困穷乏的时候，有人给送来祭服，有利于祭祀。如果前进就可能有凶险，安于贫困才不会遭受灾祸。

◎《象》解释道：酒食贫困穷乏的时候，只要坚守中正之道，必会有吉祥的事情降临。

【要诀】耐心等待，暗中积蓄。

六三，困于石，据于蒺藜，入于其宫，不见其妻，凶。

《象》曰：据于蒺藜，乘刚也；入于其宫，不见其妻，不祥也。

【译】六三，被困在巨石之下，脚下又遍布荆棘，无奈回到自己的家中，却又不得妻偶，形势非常凶险。

◎《象》解释道：被蒺藜所缠绕，说明"六三"凭阴柔之质乘临阳刚之上。退回到自己家中，却又不得妻偶，这是非常不祥的征兆。

【要诀】形势危急，不可强出手。

九四，来徐徐，困于金车，吝，有终。

《象》曰：来徐徐，志在下也；虽不当位，有与也。

【译】九四，缓缓迟疑而来，却被一辆金车所困阻，不免有很多麻烦，但最终会有结果的。

◎《象》解释道："九四"缓缓迟疑而来，说明其心志在于迎合下面的"初六"。尽管所处位置不妥当，但只要谨慎行事，必定能够称心如愿。

【要诀】困守逆境，意志坚定。

九五，劓刖，困于赤绂，乃徐有说，利用祭祀。

《象》曰：劓刖，志未得也；乃徐有说，以中直也；利用祭祀，受福也。

【译】九五，施用削鼻截足的刑罚治理众人，以至困穷在尊位之中，正是不得志的时候。逐渐摆脱困境，利于举行祭祀。

◎《象》解释道："九五"施用削鼻截足的刑罚治理众人，以至处于被困之中，正是不得志的时候。可以慢慢地摆脱困境，这是由于"九五"居中得正的缘故。利于举行祭祀，是因为这样做可以承受施降的恩泽。

【要诀】树立信心，勇于自救。

上六，困于葛藟，于臲卼，曰动悔，有悔，征吉。

《象》曰：困于葛藟，未当也；动悔有悔，吉行也。

【译】上六，被葛蔓所缠绕，处于动荡不安的境地中。这时如果意志动摇，必然会造成后悔。如果能够及时悔悟，锐意进取，便能获得吉祥。

◎《象》解释道：被葛蔓所缠绕，是因为所处位置还不甚妥当；虽然意志有动摇但能及时悔悟，行动必获吉祥。

【要诀】遇难冷静，渡过险关。

✿ 困卦给我们的启示 ✿

1. 当处于事业的低谷时，势微力衰，很难赢得大众的信赖，其正确的言论也得不到关注。只是大声呼告而无实际行动，甚至会遭人鄙弃。这个时候，只有坚守自己的信念，少说话多做事，用自己的行动来证明自己，才能顺利渡过难关。

2．当四面受敌，而又孤立无援的时候，想要有所作为是很困难的。如果硬拼，只有死路一条。唯一的办法就是远身避害，忍受一时的屈辱，处于暗中，静观时变。

3．要有敏锐的眼光，当时机来临时，要毫不犹豫地锐意进取，不怕艰难险阻。即使有再强大的外援，如果自己不好好利用，也只能是一场空。

井卦第四十八

——提高自我修养

（巽下 坎上）

井，改邑不改井，无丧无得，往来井井。汔至，亦未繘井，羸其瓶，凶。

《象》曰：巽乎水而上水，井；井养而不穷也。改邑不改井，乃以刚中也；汔至亦未繘井，未有功也；羸其瓶，是以凶也。

《象》曰：木上有水，井；君子以劳民劝相。

【译】井卦象征水井，居住的地方可以迁移，井不能迁移。井水汲出不见少，泉流注入也不见多，来来往往的人都不断使用水井。汲水时快要到井口时，却把汲水的瓦罐打破了，有凶险。

◎《象》解释道：顺延水的渗性而往地下开孔引水向上，就是水井，水井养人是没有穷尽的。居住地可以迁移而水井不能迁移，乃是因为阳刚君子能居中守恒的缘故。汲水就要汲出井口而尚未出井口，说明此时水井并未完成施惠于人的功用。而汲水用的瓶子却摔坏了，这是很凶险的。

◎《象》解释道：树木上端有水渗出，象征"水井"；君子根据水井上行养人的特性，以己之德惠养人民，并劝勉大家互助互养。

【要诀】多修己身，持之以恒。

初六，井泥不食，旧井无禽。

《象》曰：井泥不食，下也；旧井无禽，时舍也。

【译】初六，井底满是污泥沉滞，人无法食用。年久失修以致成为废弃之井，连鸟雀都不会来光顾了。

◎《象》解释道：井底满是污泥沉滞，人无法食用。原因在于"初六"处柔暗卑下之位。年久失修以致成为废弃之井，连鸟雀都不会来光顾了。说明水井已经完全被弃置了。

【要诀】无德之人，人皆弃之。

九二，井谷射鲋，瓮敝漏。

《象》曰：井谷射鲋，无与也。

【译】九二，井底有容水的凹穴，但只能用来养活小鱼。即使有汲水的瓦罐，也是又漏又破，根本无法把水汲出。

◎《象》解释道：井底有水，但却只能用来养活小鱼，无法汲取出来，说明"九二"此时没有有利的支援。

【要诀】发掘潜力，借助外力。

九三，井渫不食，为我心恻；可用汲，王明，并受其福。

《象》曰：井渫不食，行恻也；求王明，受福也。

【译】九三，水井经过治理变得洁净却没有人饮用，使人心中感到惋惜；这是可以汲来饮用的清水，如果王道圣明，加以好好使用，大家就能一起承受福泽。

◎《象》解释道：水井经过治理变得洁净却没有人饮用，这是使人心中感到惋惜的事情。希望王道圣明，能够任用"九三"，使君臣百姓都能承受恩泽。

【要诀】慧眼识人，为己所用。

六四，井甃，无咎。

《象》曰：井甃无咎，修井也。

【译】六四，将水井予以修制好，就没有灾祸。

◎《象》解释道：将水井予以修制以保证没有灾祸，说明此时"六四"应该耐心修井而不要急着去施惠于人。

【要诀】树立威信，以图大业。

九五，井洌寒泉，食。

《象》曰：寒泉之食，中正也。

【译】九五，清凉的水井，井水洁净可食。

◎《象》解释道：清洁的泉水可供食用，是因为"九五"具有阳刚中正的美德。

【要诀】兼备才德，大展宏图。

上六，井收，勿幕，有孚，元吉。

《象》曰：元吉在上，大成也。

【译】上六，井水汲取上来以后，不用覆盖井口。此时怀着诚信之心，最为吉祥。

◎《象》解释道：高居在上，最为吉祥，说明此时井德已经大功告成。

【要诀】济世为怀，惠及于人。

井卦给我们的启示

1. 人应当培养良好的人格修养，乐于施惠于人，具有"井德"。并且要能持之以恒，善始善终。如果起初做得很好，后来却狂妄自大，以致走入歧途，并且不及时悔改，越陷越深的话，不但以前的功绩将不复存在，甚至最终会被所有人舍弃。

2. 要能够慧眼识人，提拔那些有才能的人予以重用。既可以使其才能得到施展的机会，又可以使自己的事业得到很大的助益，这是两全其美、水到渠成的事情。

3. 刚刚来到一个陌生的环境中开展事业，虽然自己具备这样的能力，但是毕竟还没有打下坚实的群众基础，如果急于进取，想要在很短的时间内成就大业，是不现实的。还是应该先耐心地树立自己的威信，等羽翼丰满再动手不迟。

❀ 革卦第四十九 ❀
——审时度势除旧弊

（离下 兑上）

革，巳日乃孚，元亨，利贞，悔亡。

《彖》曰：革，水火相息，二女同居，其志不相得，曰革。巳日乃孚，革而信之；文明以说，大亨以正；革而当，其悔乃亡。天地革而四时成，汤武革命，顺乎天而应乎人，革之时大矣哉。

《象》曰：泽中有火，革；君子以治历明时。

【译】革卦象征变革，在"巳日"这一盛极而衰、交相转变之日推行变革，可以得到人们的理解和信服，前景一片光明，利于守持正道，不会有后悔的事情发生。

◎《彖》解释道：变革，水火相息相灭而不能相容。如同两个女子同居一室，但是她们志趣不合，终将产生变故，这就叫变革。在"巳日"这一交相转变之日推行变革，并且能取信于民就会得到天下的理解和信任。有文明的美德就能顺应人心，能守持正道就能使前途变得光明，变革稳妥得当，就不会出现后悔的事情。天地的变革，导致四季的形成。汤武发起的变革，顺从天的规律而又符合人民的愿望。对于变革时机的选择，其意义是十分重大的。

◎《象》解释道：水泽之中有火，象征变革。君子通过修治历法来弄清春夏秋冬四时的交替变更。

【要诀】审时度势，大胆改革。

初九，巩用黄牛之革。

《象》曰：巩用黄牛，不可以有为也。

【译】初九，用黄牛坚韧的皮革捆绑牢固。

◎《象》解释道：用黄牛坚韧的皮革捆绑牢固，说明"初九"不应该有所作为。

【要诀】巩固基础，不可妄动。

六二，巳日乃革之，征吉，无咎。

《象》曰：巳日革之，行有嘉也。

【译】六二，在"巳日"这一交相转变之日推行变革，行动起来必有吉祥，不会遭遇灾祸。

◎《象》解释道：在"巳日"这一交相转变之日，果断推行变革，定可获得很好的功绩。

【要诀】抓住时机，革故除弊。

九三，征凶，贞厉；革言三就，有孚。

《象》曰：革言三就，又何之矣。

【译】九三，鲁莽行动必然会遭受凶险，一定要坚守正道以防后患。变革既已初见成效，更须多番俯就人心安定大局，处事要心存诚信。

◎《象》解释道：变革既已初见成效，更须多番俯就人心安定大局，说明"九三"此时不必急于前行。

【要诀】三思而行，不可鲁莽。

九四，悔亡，有孚改命，吉。

《象》曰：改命之吉，信志也。

【译】九四，行动了就不要后悔，心存诚信进行革命，必获吉祥。

◎《象》解释道：革命一定能够成功，是因为对自己的变革之志有坚定的信心。

【要诀】强力推进，不可畏首畏尾。

九五，大人虎变，未占有孚。

《象》曰：大人虎变，其文炳也。

【译】九五，革命变革之际君子像老虎般威猛，不必占筮可知有诚。

◎《象》解释道：革命变革之际君子像老虎般威猛，昭然若揭，其势猛烈。

【要诀】以身作则，德行天下。

上六，君子豹变，小人革面；征凶，居贞吉。

《象》曰：君子豹变，其文蔚也；小人革面，顺以从君也。

【译】上六，发生变革时，君子像豹子般迅疾，小人则只是在表面上赞成革命，内心未必认同；这时候行动稍不留神就会有凶险，只有冷静地坚守正道才能获得吉祥。

◎《象》解释道：君子像豹子般迅疾地扩大革命的成果，他们光彩闪耀；小人表面上赞同革命，只是为了自身的利益而顺从大趋势而已。

【要诀】提防投机者。

革卦给我们的启示

1. 有志于变革旧事物者，一定要善于审时度势，把握好行动的时机。当时机尚未成熟时，不要轻举妄动，以免打草惊蛇。首先要保存好自己的实力，同时暗中积极营造舆论，借用公众的力量，促成变革时机的到来。

2. 当时机成熟时，一定要果断行动，不可畏首畏尾，在追随者面前树立起良好的领导者形象，这样在指挥行动时才能如臂使指，易于取得成效。每次行动都要三思而后行，保证行动方针的正确性，争取得到大众的理解和信任。

3. 在变革取得初步成果时，不要放松警惕。任何行动的追随者中都不乏投机分子，这一类人是变革行动中的不稳定因素，他们追随变革往往是为了自己的私利，一旦出现困难或者无利可图，他们反而会成为行动的阻碍。因而只有及时巩固胜利成果，逐渐使实力强大起来，才能使投机分子老老实实地为行动出力，最大限度地发挥他们有益的一面。

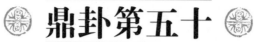

（巽下 离上）

鼎，元吉，亨。

《彖》曰：鼎，象也。以木巽火，亨饪也。圣人亨，以享上帝，而大亨以养圣贤。巽而耳目聪明。柔进而上行，得中而应乎刚，是以元亨。

《象》曰：木上有火，鼎；君子以正位凝命。

【译】鼎卦象征革故鼎新，最为吉祥，通达无阻。

◎《彖》解释道：鼎器是烹饪养人的食物之象。架木升起火焰，用以烹饪食物。圣人烹饪食物来祭祀上苍和祖先，而用极丰盛的食物来奉养圣贤良才。烹煮食物奉养圣贤，使他们能够顺逊以辅佐君主。君主则因之而耳聪目明，凭借他那柔顺的美德前进上行，位居中正而又能和阳刚贤者相呼应，因而能够达到最为亨通之境。

◎《象》解释道：木柴之上有火焰，这就是用鼎烹饪食物的象征。君子们效法这样体正实凝的鼎象，因此而端正居位，固待使命，不负前人。

【要诀】招贤纳士，善用贤能。

初六，鼎颠趾，利出否，得妾，以其子，无咎。

《象》曰：鼎颠趾，未悖也；利出否，以从贵也。

【译】初六，把鼎足颠倒过来，这样做有利于倒出鼎内残渣，就像娶得妾生下儿子扶作正室一样，是没有错误的。

◎《象》解释道：把鼎足颠倒过来，并不悖理逆常；它有利于倒出鼎内残渣，向上顺从新贵，以纳新物。

【要诀】摧枯拉朽，清除积弊。

九二，鼎有实，我仇有疾，不我能即，吉。

《象》曰：鼎有实，慎所之也；我仇有疾，终无尤也。

【译】九二，鼎中有充实的食物，我的仇人有病，他不能接近我，这是吉利的。

◎《象》解释道：鼎中有充实的食物，不能随便移动。我的仇人有病，我就没有隐忧。

【要诀】乐观平和，笑对风云。

九三，鼎耳革，其行塞，雉膏不食；方雨，亏，悔，终吉。

《象》曰：鼎耳革，失其义也。

【译】九三，鼎的耳孔变了，原来抬鼎的铜铉便插不进去了，美味的野鸡肉也不能煮食。但下了雨后，鼎耳有碍的部分受潮锈蚀，经过磨合，最终还是可以用的，所以仍然是吉利的。

◎《象》解释道：鼎耳形制发生变化，就不宜持握或移举了。

【要诀】中庸守道，勇于悔过。

九四，鼎折足，覆公𬇙，其形渥，凶。

《象》曰：覆公𬇙，信如何也！

【译】九四，鼎器不堪重负，足折断了，倾倒了鼎中王公的粥饭，淌了出来，沾在鼎器的身上，弄得污秽狼藉，一定有凶险。

◎《象》解释道：倾倒了鼎中王公的粥饭，怎么值得信任呢？

【要诀】安于本分，量力而为。

六五，鼎黄耳，金铉，利贞。

《象》曰：鼎黄耳，中以为实也。

【译】六五，鼎器配上黄色的鼎耳又穿入坚实的金铉，有利于坚守正道。

◎《象》解释道：鼎器配上黄色的鼎耳，即使"六五"居中也可获刚实之德。

【要诀】谦虚好学，自我完善。

上九，鼎玉铉，大吉，无不利。

《象》曰：玉铉在上，刚柔节也。

【译】上九，鼎盖横杠用玉制成，大吉大利，没有什么不利。

◎《象》解释道：玉制的鼎杠架在鼎上，因而能够刚柔相济。

【要诀】外柔内刚，刚柔相济。

❀ 鼎卦给我们的启示 ❀

1. 要善于发现、提拔和使用人才，要确立和巩固变革后的崭新局面，有许许多多的事要做，而方方面面的领军人物和智谋之士是完成各项任务的核心人物。所以，各级领导者要善于使用人才，同时还要千方百计地去发现人才，培养人才，大胆地提拔各种人才。

2. 对于担负主要领导责任的领导人，除了要具备领导才能外，更重要的是要注意修身养性，端正自己的行为，严以律己而宽以待人，要虚心听取下属的意见，广泛征求他人的建议，不骄不躁。同时还要不断学习，以适应不断变化的新形势、新情况。

❀ 震卦第五十一 ❀
——雷震压惊贵内省

（震下 震上）

震，亨。震来虩虩，笑言哑哑；震惊百里，不丧匕鬯。

《彖》曰：震亨，震来虩虩，恐致福也；笑言哑哑，后有则也；震惊百里，惊远而惧迩也。出，可以守宗庙社稷，以为祭主也。

《象》曰：洊雷，震；君子以恐惧修省。

【译】震卦象征震动的雷声，亨通。雷打来时万民惶恐畏惧，而本来戒惧慎惕的人却能够临震自若，言笑自如；君主的教令像震雷响动惊闻百里，宗庙祭祀于是绵延不绝。

◎《彖》解释道：震动，可以致亨通。惊雷打来时万民惶恐畏惧，说明这种恐惧戒慎定能导致福泽。临震而能镇定自若，谈笑和适，说明恐惧戒慎之后行为能够循法则而不失常态；君主的教令像雷震响动惊闻万里，这说明无论远近都因之而震惊恐惧。此时即便君主出门在外，作为人君的继承人——长子也能够留守宗庙社稷成为宗庙社稷的主持人。

◎《象》解释道：两雷接近轰响，象征震动；君子因而惶恐惊惧，修己省过。

【要诀】处变不惊，从容镇定。

初九，震来虩虩，后笑言哑哑，吉。

《象》曰：震来虩虩，恐致福也；笑言哑哑，后有则也。

【译】初九，震雷打来时，万民惊惧，然后能谨言慎行、谈笑自若，吉利。

◎《象》解释道：震雷打来时，万民恐惧，说明"初九"因恐惧而谨慎能够使人获致福泽。临震而能镇定自若，说明"初九"在恐惧之后行为能遵循法度而不失常态。

【要诀】谨慎戒惧，内修涵养。

六二，震来厉，亿丧贝，跻于九陵，勿逐，七日得。

《象》曰：震来厉，乘刚也。

【译】六二，震雷袭来，有危险，大失金钱，应当飘然远去，登到高高的九陵之上，不要追寻，过七天后定能失而复得。

◎《象》解释道：震雷袭来，有危险，说明"六二"凌乘于阳刚之上。

【要诀】以退为进，静待时机。

六三，震苏苏，震行无眚。

《象》曰：震苏苏，位不当也。

【译】雷震之时惶惶不安，此时如果能因雷动而警惧前行，将不会有什么过失。

◎《象》解释道：雷震之时惶惶不安，说明此时"六三"居位不当。

【要诀】谨慎前行，避灾免祸。

九四，震遂泥。

《象》曰：震遂泥，未光也。

【译】九四，雷动之时因惊慌失措而陷入泥沼之中。

◎《象》解释道：雷动之时因惊慌失措而陷入泥沼之中，说明"九四"的阳刚之德没有施展出来。

【要诀】看准环境，选准位置。

六五，震往来厉，亿无丧，有事。

《象》曰：震往来，厉，危行也；其事在中，大，无丧也。

【译】六五，震动之时无论往来上下，都会有危险。只要能够慎守中道自然就可以万无一失，可以长久地保持祭祀宗庙社稷的权力。

◎《象》解释道：震动之时无论往来上下，都会有危险，说明"六五"应当心存恐惧，谨慎前行。行动上处理任何事情都能够慎守中道，成熟应对，这样就可以做到万无一失。

【要诀】小心谨慎，积极进取。

上六，震索索，视矍矍，征凶；震不于其躬，于其邻，无咎；婚媾有言。

《象》曰：震索索，中未得也；虽凶无咎，畏邻戒也。

【译】上六，震动之时，由于恐惧太甚而双足畏缩难行，观望彷徨难以前进，此时行动有凶险。震动时如果尚未危及自身而仅及于邻居时，就预先予以戒备，也就不会有什么灾祸。谋求阴阳婚配也将会导致议论纷纷。

◎《象》解释道：震动之时，因恐惧太甚而难以前行，说明"上六"未能获得中和之道。虽然凶险，却又能不招致灾祸，这说明"上六"能见邻居所遭灾祸而有所畏惧戒备。

【要诀】有备无患，防患未然。

❀ 震卦给我们的启示 ❀

1. 本卦的重点在于告诫人们"知戒惧、避灾祸"。以地震为例，有的人对地震的危险性十分了解，对它有恐惧和戒备的心理，因此平时就注意学习和掌握防震避震的知识和技能，因而一旦地震发生，他反而十分镇静，轻松地避过了灾难，这就是震卦里的"初六"。还有一种人平时不大关注地震的危害，可是在经历过一次不大的地震后他知道地震的厉害了，知道戒惧了，就积极地做好各种准备工作，因而也避过了后来发生的一次较大的地震，这就是震卦里的"六三"。

2．身负重任的领导者要具备良好的心理素质和道德修养，当发生较大的社会动荡或经济动荡时，要能够临危不惧，镇定自若，并且能够卓有成效地组织、指挥、领导下属共赴危艰，共渡难关。

3．知"戒惧"要有个度，如果在危险和困难发生时，惶恐不安，惊慌失措，畏缩不前，甚至一点点小的困难就大惊小怪，这样的人克服不了困难，也避免不了灾祸。

艮卦第五十二

——审时度势定进退

（艮下　艮上）

艮其背，不获其身；行其庭，不见其人；无咎。

《彖》曰：艮，止也。时止则止，时行则行；动静不失其时，其道光明。艮其止，止其所也；上下敌应，不相与也。是以不获其身，行其庭，不见其人，无咎也。

《象》曰：兼山，艮；君子以思不出其位。

【译】艮卦象征抑止，抑止于（人的邪欲）背后，这样人尚未察觉到是邪欲时，就不知不觉地制止住，行走在庭院中两两相背，更看不见对方所抑止之邪恶，没有灾祸。

◎《彖》解释道：艮，抑止之意。该止的时候就止，该行的时候就行。不论是行还是止，都要适当而不丧失时机，如此则抑止的道理自然就会光辉灿烂。"艮其（止）背"，止于他的处所；相应的上下爻刚柔相敌对，不是一刚一柔的相助，所以"不获其身"，好比行走在庭院中两两相背，看不见对方所抑止之邪恶这样无灾祸。

◎《象》解释道：两山并立，象征"止"；君子因此所思所虑也抑止在适当的场合，不超越本位。

【要诀】当行则行，当止则止。

初六，艮其趾，无咎，利永贞。

《象》曰：艮其趾，未失正也。

【译】初六，开始就抑止其脚，这样就不会受害，而且将有利于长久坚守正道。

◎《象》解释道：开始就抑止其脚，未违正道。

【要诀】知不可为，始即不为。

六二，艮其腓，不拯其随，其心不快。

《象》曰：不拯其随，未退听也。

【译】六二，抑制小腿肚的运动（使之不能自主），无法举步上承本应随从的人，自然心中不会快乐。

◎《象》解释道："六二"无法举步上承本应随从的人，又无法退而听从抑制之命。

【要诀】随机应变，不过分强求。

九三，艮其限，列其夤，厉，薰心。

《象》曰：艮其限，危薰心也。

【译】九三，抑止在腰胯之处，致使联结上下人体的结合部断裂开来，十分危险，如同烈火烧灼他的心一样。

◎《象》解释道：抑止在腰胯之处，说明"九三"此时的危险像烈火烧灼他的心一样。

【要诀】审时度势，进退得时。

六四，艮其身，无咎。

《象》曰：艮其身，止诸躬也。

【译】六四，抑止自己上身不使妄动，没有灾祸。

◎《象》解释道：抑止自己上身不使妄动，说明"六四"能自己抑止自己，司守本位。

【要诀】控制自我，司守本位。

六五，艮其辅，言有序，悔亡。

《象》曰：艮其辅，以中正也。

【译】六五，抑止自己之口不使妄说，说话很有条理，悔恨自当消亡。

◎《象》解释道：抑止自己之口不使妄说，说明"六五"能有中和之德。

【要诀】言不轻发，发必有序。

上九，敦艮，吉。

《象》曰：敦艮之吉，以厚终也。

【译】上九，以敦厚笃实的品质抑止邪欲，吉祥。

◎《象》解释道：以敦厚笃实的品质抑止邪欲而获得吉祥，这说明"上九"能够具有敦厚笃实的品质从而将抑止保持到最后。

【要诀】行事做人，不可半途而废。

艮卦给我们的启示

1. "不在其位，不谋其政"，每个人都应做好自己的本职工作。"君子以思不出其位"，是艮卦阐释的一条哲理，就是说每个人要想他自己所在的职位所要想的事，要做自己所在职位所要做的事。每个人在社会、在单位有不同的分工，做好了本身职责范围的事，单位和社会的事情也就做好了。如果人人都不分时空、地位，不顾自身职责，去做别人的事，则不但无所成反而会帮倒忙。

2．要谨言慎行，对单位、部门及社会的事情不要乱发言，要经过周密思考，才能发表自己的意见。谋定而动，千万不可盲目冲动，误撞乱闯。

3．坚持真理，修正错误。艮卦所阐述的"止"不光是止于"止"，而且还要止于"行"，对于正确的东西，必须坚持不懈地努力去做，不能半途而废。而对于错误的思想和行为，则一经发现立即制止，这也就是说要及时修正错误的思想和行为。

渐卦第五十三
——循序渐进终成事

 （艮下 巽上）

渐，女归吉，利贞。

《彖》曰：渐之进也，女归吉也。进得位，往有功也；进以正，可以正邦也；其位，刚得中也；止而巽，动不穷也。

《象》曰：山上有木，渐；君子以居贤德，善俗。

【译】渐卦象征循序渐进，女子出嫁按照礼仪逐步进行，可以获得吉祥。

◎《彖》解释道：渐渐地向前行进，就如同女子出嫁按照礼仪循序进行，可以获得吉祥。渐进获得正位，说明前往可以建立功业；渐进而又能守持正道，这可以稳定国家。渐行而居于尊位，这是由于具有阳刚中和的美德。只要守静而和顺，行动起来就不会走入困穷。

◎《象》解释道：山上有树木，象征渐进；君子因此逐渐积累贤良的品德，并改善社会的风俗。

【要诀】徐变渐化，循序渐进。

初六，鸿渐于干，小子厉，有言，无咎。

《象》曰：小子之厉，义无咎也。

【译】初六，大雁渐渐飞到水边，就像童稚之人遭遇危险，虽然有言语中伤，却没有灾祸。

◎《象》解释道：童稚之人遭遇危险，但从"初六"渐进不躁的意义看来，是不会招致灾祸的。

【要诀】渐行渐进，欲速不达。

六二，鸿渐于磐，饮食衎衎，吉。

《象》曰：饮食衎衎，不素饱也。

【译】六二，大雁渐渐飞到磐石之上，稳固安全，并且有吃有喝，和乐欢畅，可获吉祥。

◎《象》解释道：有吃有喝，欢乐和畅，说明"六二"并不是白吃饭不做事。

【要诀】稳扎稳打，必有成就。

九三，鸿渐于陆，夫征不复，妇孕不育，凶；利御寇。

《象》曰：夫征不复，离群丑也；妇孕不育，失其道也；利用御寇，顺相保也。

【译】九三，大雁渐渐飞到平地上，此时丈夫外出一去不复返，妻子失贞怀孕生育无颜，有凶险。不过却有利于防御强盗。

◎《象》解释道：丈夫外出一去不复返，说明"九三"叛离了自己的同类。妻子失贞怀孕生育无颜，说明"九三"的行为失去了夫妇相亲之道。有利于防御强盗，说明"九三"应当自守以正，从而使之和顺相保。

【要诀】戒急戒躁，防止冒进。

六四，鸿渐于木，或得其桷，无咎。

《象》曰：或得其桷，顺以巽也。

【译】六四，大雁渐渐飞到高高的树木上，或许能够获得一根平展的树枝，没有灾祸。

◎《象》解释道：大雁有可能得到一根平展的树枝，这是温顺平和的结果。

【要诀】高调做事，低调做人。

九五，鸿渐于陵，妇三岁不孕，终莫之胜，吉。

《象》曰：终莫之胜吉，得所愿也。

【译】九五，大雁飞到山冈上，妻子长期未怀身孕，外物侵阻最终不能取胜，夫妇达到了结合目的，获得吉祥。

◎《象》解释道：外物侵阻最终不能取胜，愿望得以实现，吉祥。

【要诀】坚持就是胜利。

上九，鸿渐于陆，其羽可用为仪，吉。

《象》曰：其羽可用为仪吉，不可乱也。

【译】上九，大雁渐渐飞到高高的平地上，它的羽毛可被用做外表的仪饰，最终获得吉祥。

◎《象》解释道：大雁的羽毛可被用做外表的仪饰，获得吉祥，这说明"上九"心志高洁，不可扰乱。

【要诀】超脱私欲，志怀高远。

✿ 渐卦给我们的启示 ✿

1. 世界上的任何事物都有一个发生发展的过程，这种发生发展的过程是一个由量变到质变的渐进过程，渐卦告诉我们的就是这个道理。所以我们做任何一件事，都要有计划地分步骤地完成，不能急躁冒进，随意逾越中间任何一个步骤。否则就会事与愿违。

2. 不断学习积累知识和经验，我们处在改革开放的新时期，新生事物层出不穷。 这要求我们每个人都要不断地适应新的情况，掌握现代化的知识和技能，而知识和能力也是一个累进的过程，不是天生就有的，也不是一学就会的。所以我们要不断地积累知识和经验，全面提升自我。

归妹卦第五十四

——依礼行事终无忧

（兑下 震上）

归妹，征凶，无攸利。

《彖》曰：归妹，无地之大义也。天地不交，而万物不兴。归妹，人之终始也。说以动，所归妹也。征凶，位不当也；无攸利，柔乘刚也。

《象》曰：泽上有雷，归妹；君子以永终知敝。

【译】归妹卦象征婚嫁，只要行为不当前进就会有凶险，不会有什么有利之事。

◎《彖》解释道：嫁出少女，这是天地的大义。天地阴阳如不相交，宇宙万物就不能繁衍兴旺。嫁出少女，人类就能终而复始、生生不息。欣悦而动，说明正可以嫁出少女。有所行动必有凶险，说明居位不当；不会有什么有利之事，说明阴柔凌乘阳刚之上。

◎《象》解释道：大泽之上响动着震雷，象征嫁出少女。君子因此要永远保持夫妇之道而不使破坏。

【要诀】从坏处设防，争取好的结果。

初九，归妹以娣，跛能履，征吉。

《象》曰：归妹以娣，以恒也；跛能履吉，相承也。

【译】初九，嫁出少女为人做偏房，犹如腿有毛病但还能行走，有所作为可获吉祥。

◎《象》解释道：嫁出少女为人做偏房，说明"初九"并未失婚嫁之常道。腿有毛病但还能行走，获得吉祥，说明"初九"要以偏助正，相与承顺。

【要诀】以危机为契机。

九二，眇能视，利幽人之贞。

《象》曰：利幽人之贞，未变常也。

【译】九二，只有一只眼睛，勉强能看东西，利于幽静安恬的人守持正固。

◎《象》解释道：利于幽静安恬的人守持正固，是因为行事之常道未曾改变。

【要诀】坚韧不拔，克服困难。

六三，归妹以须，反归以娣。

《象》曰：归妹以须，未当也。

【译】六三，把本族的女孩嫁过去当小妾，对方嫁过来的自然也只能做侧室了。

◎《象》解释道：把（只能做）小妾的女孩嫁过去，行为本身就不妥当。

【要诀】己所不欲，勿施于人。

九四，归妹愆期，迟归有时。

《象》曰：愆期之志，有待而行也。

【译】九四，出嫁少女推延佳期，迟迟未嫁而等待时机。

◎《象》解释道：推延出嫁佳期，完全出于自己志愿，是在等待时机。

【要诀】待时而动，待价而沽。

六五，帝乙归妹，其君之袂不如其娣之袂良；月几望，吉。

《象》曰：帝乙归妹，不如其娣之袂良也；其位在中，以贵行也。

【译】六五，商王帝乙嫁女，作为所嫁之人的正妻的衣着，还不如偏房的衣着好，犹如月亮快要圆满，而不过盈，可获得吉祥。

◎《象》解释道：商王帝乙嫁女，作为正妻的衣着还不如偏房的衣着好，说明"六五"居位尊贵而又守中不偏，虽高贵却能施行谦俭之道。

【要诀】位尊而不骄。

上六，女承筐，无实；士刲羊，无血；无攸利。

《象》曰：上六无实，承虚筐也。

【译】上六，女子手里拿着竹筐，但却无物可盛，男子杀羊，却未见羊血，无任何有利之事。

◎《象》解释道："上六"空虚无实，好比手里拿着竹筐，但却无物可盛。

【要诀】行事不可阴险。

❀ 归妹卦给我们的启示 ❀

1. 人生的时间有限，很多人妄图由自己主导做成事业，会浪费太多时间，所以真正的成功人士，不应该囿于"主角思维"，而应该学会当好配角。

2. 人不但要学会做配角，还要学会放弃和等待。有时目标看起来很美好，其实以客观条件来说是实现不了的，有些事情需要机会，机会不到，强行动手，不但浪费时间，还会破坏形成机会的条件。

丰卦第五十五

——丰盛不蔽光明行

（离下 震上）

丰，亨，王假之。勿忧，宜日中。

《彖》曰：丰，大也。明以动，故丰。王假之，尚大也；勿忧宜日中，宜照天下也。日中则昃，月盈则食，天地盈虚，与时消息，而况于人乎？况于鬼神乎？

《象》曰：雷电皆至，丰；君子以折狱致刑。

【译】 丰卦象征盛大，亨通，君王可以达到这种盛大亨通的境界。无须担忧，宜于保持如日中天之势而不使超过极限。

◎《彖》解释道：丰，就是盛大。火在下震动而上行，象征太阳升至高空，故可得丰。君王可以达到这种盛大亨通的境界，说明君王崇尚弘大的美德。无须担心，宜于保持如日中天之势，说明此时适宜让盛大之光普照天下。太阳到了中天接下来就会偏斜，月亮满盈即将亏蚀；天地大自然有盈有亏，都是随着时间变化而消亡生息的，更何况人呢？何况鬼神呢？

◎《象》解释道：震雷闪电一起到来，象征盛大。君子们因此也效法雷震惊电，审理案件，动用刑罚。

【要诀】 慎重决策，才能长盛不衰。

初九，遇其配主，虽旬无咎，往有尚。

《象》曰：虽旬无咎，过旬灾也。

【译】初九，遇到了与自己相配的主人，尽管两者均为阳刚，但不会招致灾祸，前往必然会得到推崇和赞美。

◎《象》解释道：尽管两者均为阳刚，但不会招致灾祸。但"初九"要是超过"九四"，破坏了均势，就会有灾祸。

【要诀】认清自我，量力而为。

六二，丰其蔀，日中见斗；往得疑疾，有孚发若，吉。

《象》曰：有孚发若，信以发志也。

【译】六二，盛大之时却掩盖了光明，犹如太阳正当中午却见到了北斗星一样，前行必被猜疑，幸而又能以自己的一片至诚之心求得信任，最终获得吉祥。

◎《象》解释道：以自己的一片至诚之心求得信任，应该用自己的诚信来感发这种盛大光明的心志。

【要诀】精诚所至，金石为开。

九三，丰其沛，日中见沫；折其右肱，无咎。

《象》曰：丰其沛，不可大事也；折其右肱，终不可用也。

【译】九三，盛大之时光明被遮蔽，犹如太阳正当中午却见到了无名小星，只好折断右臂，屈己慎守，不会招致灾祸。

◎《象》解释道：盛大之时光明完全被遮蔽，说明"九三"不可与之共济大事。折断右臂，说明"九三"最终不能施展才用，有所作为。

【要诀】自残以保，清醒果断。

九四，丰其蔀，日中见斗；遇其夷主，吉。

《象》曰：丰其蔀，位不当也；日中见斗，幽不明也；遇其夷主，吉行也。

【译】九四，盛大之时光明却被掩盖，犹如太阳正当中午却见到北斗星一样。但能遇合与之阳德相匹敌的主人，从而获得吉祥。

◎《象》解释道：盛大之时光明被掩盖，说明"九四"居位不当。太阳正当中午却见到了北斗星，说明"九四"处境幽暗，难见光明。遇合与之阳德相匹敌的主人并获得吉祥，说明"九四"宜于有所作为。

【要诀】强强联合，结成联盟。

六五，来章，有庆誉，吉。

《象》曰：六五之吉，有庆也。

【译】六五，招来天下俊美之才，必然会有福庆，从而获得美誉与吉祥。

◎《象》解释道："六五"得到吉祥，说明一定有福庆之事。

【要诀】广揽英才，为我所用。

上六，丰其屋，蔀其家，窥其户，阒其无人；三岁不觌，凶。

《象》曰：丰其屋，天际翔也；窥其户，阒其无人，自藏也。

【译】上六，扩大房屋，反而掩蔽了自己的居室，从门缝里窥视，寂静而不见人迹，如果长时间还看不见人露面，就必有凶险。

◎《象》解释道：扩大房屋，说明"上六"居位极高，不与下交，犹如独自在天空飞行一样。从门缝里窥视，寂静而不见人迹，说明"上六"自己把自己掩蔽深藏起来。

【要诀】人不可避世。

🏵 丰卦给我们的启示 🏵

1. 人生的发展过程有如农民种地，讲究春播夏种，秋收冬藏，完成一轮耕种和收获的过程，应该马上考虑明年的收成状况。也就是说"丰不忘欠，乐不忘忧"，有些人在事业上取得了一点成就，获得了一些财富，便得意忘形，认为可以放心歇息或者认为自己可以无往而不利，结果一定会遭到严重地打击。这是因为未来的一切结果都是与今天的行事状态密切相关的。

2. 丰卦中的丰亦作"盛"讲，事物发展到"盛"的阶段，就容易向衰的方向转变。因此凡事不可超过极限，超过极限就会有失败之忧。譬如做生意，当一个产品价格高到用户能接受的极限，则切不可再涨，再涨就会给本来弱势的竞争者提供机会。行商如此，其他一切事业都是如此。

旅卦第五十六
——人生旅途道为先

（艮下 离上）

旅，小亨，旅贞吉。

《彖》曰：旅，小亨，柔得中乎外而顺乎刚，止而丽乎明，是以小亨，旅贞吉也。旅之时义大矣哉！

《象》曰：山上有火，旅；君子以明慎用刑，而不留狱。

【译】旅卦象征行旅，小有亨通，旅行者能守持正固是吉利的。

◎《彖》解释道：行旅，可以小获亨通，谦柔之人在外居位适中而且能够顺从阳刚者的意愿，安静守正而又依附于光明，所以说小获亨通，行旅能守持正固可获吉祥。行旅时的意义是多么重大啊！

◎《象》解释道：山上燃烧着火焰，象征行旅。君子因此动用刑罚要明察而审慎，而且不能长期拖延不判。

【要诀】寄人篱下，不失其志。

初六，旅琐琐，斯其所取灾。

《象》曰：旅琐琐，志穷灾也。

【译】初六，行旅初始，行为猥琐卑贱，这是自我招取灾患。

◎《象》解释道：行旅初始，行为猥琐卑贱，说明"初六"志意穷窘，因而自取灾患。

【要诀】人生旅途立志始。

六二，旅即次，怀其资，得童仆，贞。

《象》曰：得童仆贞，终无尤也。

【译】六二，行旅路上住进客舍，由于身上带着钱财，所以可以雇佣童仆，应守持正固。

◎《象》解释道：雇佣了童仆，应守持正固，最终不会有什么问题。

【要诀】漫漫长路，有备而行。

九三，旅焚其次，丧其童仆，贞厉。

《象》曰：旅焚其次，亦以伤矣；以旅与下，其义丧也。

【译】九三，行旅之时被大火烧掉了住处，童仆也逃走了，应守持正固以防危险。

◎《象》解释道：行旅之时被大火烧毁了住处，本来就会受到伤害。旅居在外却将童仆也看做陌生的行路人，既如此，按照常理，当然要失掉童仆。

【要诀】不可一意孤行，免致众叛亲离。

九四，旅于处，得其资斧，我心不快。

《象》曰：旅于处，未得位也；得其资斧，心未快也。

【译】九四，行旅之时暂得居住之处，获得利斧斫除荆棘，但是我的心中还是不大畅快。

◎《象》解释道：行旅之时只是暂得居住之处，说明"九四"还未有适当的居位。尽管获得利斧斫除荆棘，心中仍然不畅快。

【要诀】勿迷于当前的微小成就。

六五，射雉一矢，亡，终以誉命。

《象》曰：终以誉命，上逮也。

【译】六五，射取野鸡，虽然费去一支箭，但终将会获得美誉。

◎《象》解释道：终将会获得美誉，说明"六五"的地位与声望很高。

【要诀】失之东隅，不忘收之桑榆。

上九，鸟焚其巢，旅人先笑后号咷；丧牛于易，凶。

《象》曰：以旅在上，其义焚也；丧牛于易，终莫之闻也。

【译】上九，鸟窝被焚烧，行旅之人先是喜笑颜开，后是号咷大哭。在异国荒远之处丢失了牛，有凶险。

◎《象》解释道：作为行旅之人却尊高自处，依理必然会有鸟窝被焚的灾祸。在异国荒远之地丢失了牛，说明"上九"在外遭祸却没有人能够知道。

【要诀】小心乐极生悲。

旅卦给我们的启示

1. 一个人暂时的穷，和他今后的前途并不具有必然的联系。只要你有宏大的志向、远大的目标，不利条件也可转化为有利条件，你会因此以十倍百倍的努力去改变现状，最后你一定会由穷至富，由失败转向成功。

2. 人生旅途，一定要有志同道合的伙伴。而此卦中的"行旅"不仅仅指出门在外，而且暗喻人的一生，乃至万事万物，无不借天地以行旅，有好的朋友相扶相帮，对人生是不无裨益的。

巽卦第五十七

——顺逊容人成大器

（巽下 巽上）

巽，小亨。利有攸往，利见大人。

《彖》曰：重巽以申命。刚巽乎中正而志行，柔皆顺乎刚。是以小亨，利有攸往，利见大人。

《象》曰：随风，巽；君子以申命行事。

【译】巽卦象征逊顺，小有亨通。利于有所前往，利于见德高望重的人。

◎《彖》解释道：上下逊顺宜于尊者申谕命令。阳刚尊者以其中正美德被众人顺从而其意志得以推行，阴柔者都逊顺于阳刚，所以卦辞说小有亨通，利于有所前往，利于见德高望重的人。

◎《象》解释道：和风相随而吹拂，象征逊顺。君子因此申谕命令并见诸行动。

【要诀】言而有信，言出必行。

初六，进退，利武人之贞。

《象》曰：进退，志疑也；利武人之贞，志治也。

【译】初六，进退犹豫，勇武之人守持正固是吉利的。

◎《象》解释道：进退犹豫，是因为思想混乱，疑惑不决；利于武人守持正固，是勉励他修治和树立坚强的意志。

【要诀】坚决果断，切忌犹豫。

九二，巽在床下，用史、巫，纷若，吉，无咎。

《象》曰：纷若之吉，得中也。

【译】九二，逊顺而屈居床下，通过祝史、巫觋以谦卑奉事神祇，可获吉祥，没有灾祸。

◎《象》解释道：以谦卑奉事神祇可获吉祥，说明"九二"能够守中不偏。

【要诀】适时地放弃。

九三，频巽，吝。

《象》曰：频巽之吝，志穷也。

【译】九三，皱着眉头勉强逊顺，有所恨惜。

◎《象》解释道：皱着眉头勉强逊顺而有所恨惜，是因为壮志全失。

【要诀】不可一味忍屈逊顺。

六四，悔亡，田获三品。

《象》曰：田获三品，有功也。

【译】六四，悔恨消失，田猎获取三类猎物。

◎《象》解释道：田猎获取三类猎物，有功赏。

【要诀】逊顺之道在于追求成功。

九五，贞吉，悔亡，无不利；无初有终；先庚三日，后庚三日，吉。

《象》曰：九五之吉，位正中也。

【译】九五，守持正固可得吉祥，悔恨消失，无所不利。虽然没有良好的开端但有吉利的结果。在象征"变更"的庚日前三天发布新令，而在庚日后三天实行新令，必获吉祥。

◎《象》解释道："九五"之所以获得吉祥，是由于他居中得正。

【要诀】办事严谨，抓紧细节。

上九，巽在床下，丧其资斧，贞凶。

《象》曰：巽在床下，上穷也；丧其资斧，正乎凶也。

【译】上九，逊顺而屈居床下，犹如丧失了刚坚的利斧，守持正固以防凶险。

◎《象》解释道：逊顺而屈居于床下，已经是穷极无奈；犹如丧失了刚坚的利斧，说明"上九"应守持阳刚之正以防凶险。

【要诀】途穷时宜主动反击奋起自救。

❀ 巽卦给我们的启示 ❀

1. 大丈夫要能屈能伸。巽卦描述的逊顺结果，尽管只是小有亨通，但主于有所行动，建功立业。因此任何团队的中层管理者，都应该善于以屈求伸，而不应盲目强硬。

2. 卑躬屈节、阿谀奉承为人所不齿。六爻的爻辞告诉我们：逊顺并不等同于无条件地盲目卑顺，更不是卑躬屈膝，而是要以不失人格为底线。所以"九三"以刚屈柔，一味逊顺，则生"吝"；"上九"卑躬屈膝，失去决断，则生"凶"。

3. 巽卦所言的逊顺，其目的不在于逊顺本身，而是在于通过逊顺容人，营造一个利于进取建功的宽松环境，所以逊顺就有一个度的问题，过刚不逊、傲慢无礼固然不好，而卑躬屈膝、任人宰割当然也不会有好结果。《周易》

所提倡的这种在人事交往中不亢不卑、逊顺容人、以屈求伸的态度和方法，是有益于人生的。

兑卦第五十八

——和悦处世心态正

（兑下 兑上）

兑，亨，利贞。

《彖》曰：兑，说也。刚中而柔外，说以利贞，是以顺乎天而应乎人。说以先民，民忘其劳；说以犯难，民忘其死。说之大，民劝矣哉！

《象》曰：丽泽，兑；君子以朋友讲习。

【译】兑卦象征和悦，亨通，利于守持正固。

◎《彖》解释道：兑，意思就是悦。阳刚居中而柔和处外，足以使人和悦相处而利于守持正固，因此真正的喜悦，上顺于天理之正，而下应于人心之公。先于民劳苦使民喜悦，民众就会忘记他们的劳苦。先于民犯难使民喜悦，民众就会忘记他们的牺牲。悦的重要，使民众能互相鼓励！

◎《象》解释道：两泽相连互相滋润，象征和悦。君子观此卦象便聚集朋友相互讲解道理研习学业。

【要诀】和悦待人，摒绝凶暴。

初九，和兑，吉。

《象》曰：和兑之吉，行未疑也。

【译】初九，和悦待人，吉祥。

◎《象》解释道：和悦待人可获吉祥，说明"初九"行为端正，无可怀疑。

【要诀】行为端正，宽以待人。

九二，孚兑，吉，悔亡。

《象》曰：孚兑之吉，信志也。

【译】九二，心怀诚信，和悦待人，吉祥，悔恨消失。

◎《象》解释道：心怀诚信和悦待人而获得吉祥，说明"九二"思想诚实坚定。

【要诀】君子和而不同。

六三，来兑，凶。

《象》曰：来兑之凶，位不当也。

【译】六三，前来谋求和悦，有凶险。

◎《象》解释道：前来谋求和悦而有凶险，说明"六三"居位不正当。

【要诀】无故求悦，应当防范。

九四，商兑未宁，介疾有喜。

《象》曰：九四之喜，有庆也。

【译】九四，商度思量和悦之事而心中很不安宁，若能隔断阴柔、疾恨邪佞则有喜兆。

◎《象》解释道："九四"的喜兆，是有功受庆。

【要诀】亲贤士，远小人。

九五，孚于剥，有厉。

《象》曰：孚于剥，位正当也。

【译】九五，信任剥蚀阳刚的阴柔小人，有危险。

◎《象》解释道：信任剥蚀阳刚的阴柔小人，将使自己处于易被小人伤害之位。

【要诀】切勿受小人巧言令色的迷惑。

上六，引兑。

《象》曰：上六引兑，未光也。

【译】上六，引诱他人相与和悦。

◎《象》解释道："上六"引诱他人相与和悦，说明"上六"的和悦之道未能光明正大。

【要诀】谨防糖衣炮弹。

兑卦给我们的启示

1. 待人和善是处理好同事、朋友关系的关键。人一生的工作、生活无不处于各种团队之中，待人处世之道就成了人生存最重要的能力，有些人为人严肃不拘言笑，即使待人以诚，心无城府，仍然得不到朋友和上司的信任；有些人言辞激烈，说话不留情面，即便有益于朋友，意见也不被人采纳。这都是值得引以为戒的。

2. 和善待人并非无原则地迎合，需要坚持意见和观点，需要提醒他人改过的时候，则不应该一味和颜悦色。所谓"良药苦口利于病，忠言逆耳利于行"，必要的时候应以当头棒喝代替温言细语。

3. 世间有许多面善心不善的小人，必须对这些人加以防范。这些人的特点是巧言令色，无故主动示好，与之相处往往让人感到十分愉悦，但正是这种过度的和悦透露了小人奸邪的居心。所以君子处世，对这种情况不可不察。

 涣卦第五十九

——临灾逢变创新天

（坎下 巽上）

涣，亨，王假有庙，利涉大川，利贞。

《彖》曰：涣亨，刚来而不穷，柔得位乎外而上同。王假有庙，王乃在中也；利涉大川，乘木有功也。

《象》曰：风行水上，涣；先王以享于帝，立庙。

【译】涣卦象征涣散，洪水到来，亨通，君王到宗庙祭祖祈祷，有利于渡过大江大河，利于守持正固。

◎《彖》解释道：洪水到来亨通，是由于阳刚者居阴柔之中而不穷困，阴柔者获正位于外而与在上的阳刚同德。君王以美德感化神灵而保有庙祭，说明君王居处正中而能凝聚人心。利于涉越大河巨川，说明乘着木舟合力涉险必获成功。

◎《象》解释道：风在水上，为洪水来到的征兆。先代君王观察到这种情况就祭享天帝、建立宗庙。

【要诀】树立权威，紧握权柄。

初六，用拯马壮，吉。

《象》曰：初六之吉，顺也。

【译】初六，洪水到来，骑马避害，吉利。

◎《象》解释道："初六"的吉祥，因其能够顺着正确的方向跑。

【要诀】借用外力，能够及早救难。

九二，涣奔其机，悔亡。

《象》曰：涣奔其机，得愿也。

【译】九二，涣散之时奔就几案似的可供凭依的处所，不再悔恨。

◎《象》解释道：涣散之时奔就几案似的可供凭依的处所，说明"九二"得遂阴阳聚合的愿望。

【要诀】另辟蹊径，再创新天。

六三，涣其躬，无悔。

《象》曰：涣其躬，志在外也。

【译】六三，洪水冲到身上，无灾无悔。

◎《象》解释道：洪水冲到身上，心中却想着外面的人。

【要诀】忘身无私，可致无悔。

六四，涣其群，元吉；涣有丘，匪夷所思。

《象》曰：涣其群元吉，光大也。

【译】六四，涣散朋党，至为吉祥；涣散小群聚成山丘似的大群，这不是平常人思虑所能达到的。

◎《象》解释道：涣散朋党，大吉大利，是因为品德光明正大。

【要诀】着眼大局，同舟共济。

九五，涣汗其大号；涣王居，无咎。

《象》曰：王居无咎，正位也。

【译】九五，像发散身上汗水一样发布盛大的号令，又能疏散王者的居积以聚合天下人心，**必无祸害**。

◎《象》解释道：疏散王者的居积必无咎害，是因为他正居于尊位。

【要诀】危难之时，重在择帅。

上九，涣其血，去逖出，无咎。

《象》曰：涣其血，远害也。

【译】上九，洪水的忧患消除了，但要提防灾难重现，就不会有灾祸。

◎《象》解释道：洪水的忧患消除了，远离了伤害。

【要诀】大治不远，不可放弃。

涣卦给我们的启示

1. 洪水来时，冲乱了自然界的种种事物，洪水走后，又要建立新秩序。此种现象推衍到人事上看，人与人之间的关系，甚至每一个社会组织，都经历过有散有聚的过程，原有的形态在完成特定的使命后终将瓦解，而新的关系又将逐步确立。可以说"涣"促使过时观念和陈旧制度的瓦解，而孕育着新事物的诞生。据此看来，灾难并不可怕，关键是要抓住机遇，借机改革，促使其向新的方向聚合发展，从而达到亨通的境界。

2. 要整治灾害，重聚人心，并不是一蹴而就即可大功告成的，而是要采取切实的措施，选定一个正确的方向，同时还需要借助于特定的象征物来聚合种种精神力量，即所谓"王假有庙"。在封建时代，人们借宗庙以唤起人们的宗族意识乃至国家意识，在现代则应以其他的方式来完成这一任务，只要增强了人们的心理凝聚力，济大难就不是不可完成的任务。

3. 在消灾解祸患的过程中，人们除了方向明确，意志坚定之外，还应该确定一个强有力的领导者，此外还要有大公无私的人辅助他。确保了这些人各就其位，群众才会有所服从，不致各行其是、慌乱不堪。

节卦第六十

——适可而止知节制

(兑下 坎上)

节，亨，苦节不可，贞。

《彖》曰：节亨，刚柔分而刚得中。苦节不可贞，其道穷也。说以行险，当位以节，中正以通。天地节而四时成，节以制度，不伤财，不害民。

《象》曰：泽上有水，节；君子以制数度，议德行。

【译】节卦象征节制，节制可致亨通。但是不能过分节制，应守持正固。

◎《彖》解释道：节制可致亨通，这是因为阳刚与阴柔上下明白相分而阳刚又得中的缘故。但是不能过分节制，否则就会导致节制之道走入困穷。物情欣悦就会勇于赴险，处位妥当就能自觉进行节制，居中守正则行事畅通无阻。天地自有节制，因而有了四季；圣贤明主以典章制度为节制，就不会浪费资财和残害百姓。

◎《象》解释道：沼泽上有水，象征节制。君子因此制定礼数法度为准则，详细考察道德行为从而任用得宜。

【要诀】节制有道，过犹不及。

初九，不出户庭，无咎。

《象》曰：不出户庭，知通塞也。

【译】初九，节制以守，呆在家中不动，必无灾祸。

◎《象》解释道：节制以守，呆在家中不动，说明"初九"懂得通畅则行、阻塞即止的道理。

【要诀】慎言慎行，知节能止。

九二，不出门庭，凶。

《象》曰：不出门庭，凶，失时极也。

【译】九二，不走出自家门庭，有凶险。

◎《象》解释道：拘于节制，不跨出门庭而有凶险，说明"九二"丧失了适中的时机。

【要诀】当动则动，切忌犹豫不决。

六三，不节若，则嗟若，无咎。

《象》曰：不节之嗟，又谁咎也？

【译】六三，不能节制，于是就嗟伤自悔，仍然没有灾祸。

◎《象》解释道：不能节制而嗟伤自悔，又有谁还会加害于他呢？

【要诀】勤于自省，勇于自察。

六四，安节，亨。

《象》曰：安节之亨，承上道也。

【译】六四，安然进行节制，可致亨通。

◎《象》解释道：安然进行节制，可致亨通，说明"六四"能够谨守顺承尊上刚中之道。

【要诀】柔顺尊上，万事亨通。

九五，甘节，吉，往有尚。

《象》曰：甘节之吉，居位中也。

【译】九五，适当节制而能够令人感到甘美适中，可致吉祥。采取行动，必受嘉赏。

◎《象》解释道：适当节制而能够令人感到甘美适中，获得吉祥，说明"九五"居位处中，无过也无不及。

【要诀】节制要恰到好处。

上六，苦节，贞凶，悔亡。

《象》曰：苦节贞凶，其道穷也。

【译】上六，过分节制，应当守持正固防备凶险，悔恨可消亡。

◎《象》解释道：过分节制，应当守持正固防备凶险，是因为节制之道已走入困穷之境。

【要诀】固本培元，慎处困穷。

❀ 节卦给我们的启示 ❀

1. 人的欲望和意念很多，如果不予以节制，无限度地放纵自己，就必然会导致灾祸，这种节制之道在倡导发展和谐社会、节约型社会的当代中国有着非常重大的意义。

2. 自我节制的行为有不同的状态，有些人能够始终如一地控制言行，有些人则只在有失节行为之后才作出自我反省。不管如何，有节总比无节好，知节总比不知节好，人不必为过去的"不节"而心存痛苦，重要的是自我节制的意识要时刻在心。

3. 节制之道，贵在"持正"和"适中"，因此卦辞一方面称节制可致亨通，一方面又告诫不可过分拘于节制，如果过于节制，则有害无益。

 中孚卦第六十一

——讲诚信，善待人

(兑下 巽上)

中孚，豚鱼吉。利涉大川，利贞。

《彖》曰：中孚，柔在内而刚得中，说而巽，孚，乃化邦也。豚鱼吉，信及豚鱼也；利涉大川，乘木舟虚也；中孚以利贞，乃应乎天也。

《象》曰：泽上有风，中孚；君子以议狱，缓死。

【译】中孚卦象征诚信，诚信到能够感动豚鱼这种顽固的动物，因此可以获得吉祥，利于涉越大河巨川，利于守持正固。

◎《彖》解释道：内心诚信，柔顺处内能够谦虚至诚，刚健居外又能够中实有信，从而下者欣悦，上者和顺，如此诚信之德就能够惠化邦国。诚信到能够感动豚鱼这种顽固的动物，因此可以获得吉祥，这就是说诚信之德已惠及豚鱼等世间万事万物。利于涉越大河巨川，是因为此时能像乘驾木舟渡河那样方便可行，畅通无阻。内心诚信而利于守持正固，是因为应合了天的刚正之德。

◎《象》解释道：大泽之上吹拂着和顺的风，象征内心诚信。君子们因此用诚信之德仔细审议讼狱，宽缓死刑。

【要诀】诚信为本。

初九，虞吉，有他，不燕。

《象》曰：初九虞吉，志未变也。

【译】初九，安守诚信，可以获得吉祥，别有所求就会不得安宁。

◎《象》解释道："初九"安守诚信，可以获得吉祥，因为它别无他求的心志没有改变。

【要诀】不妄求，自心安。

九二，鸣鹤在阴，其子和之；我有好爵，吾与尔靡之。

《象》曰：其子和之，中心愿也。

【译】九二，鹤鸟鸣叫在背阴，它的同类以声相应和。我有甘美的酒浆，我愿意与你共同分享，以求同乐。

◎《象》解释道：鹤鸟的同类以声相应和，说明这是发自内心的真诚意愿。

【要诀】以我诚心，感动他人。

六三，得敌，或鼓或罢，或泣或歌。

《象》曰：或鼓或罢，位不当也。

【译】六三，内心不诚，树起对立面，忽而击鼓进攻，忽而疲惫败退，忽而因惧怕敌人反攻而悲泣，忽而因敌人不加侵害而欢歌。

◎《象》解释道：忽而击鼓进攻，忽而疲惫败退，这说明"六三"居位不当。

【要诀】不以物喜，不以己悲。

六四，月几望，马匹亡，无咎。

《象》曰：马匹亡，绝类上也。

【译】六四，月亮接近满圆但还没有满圆，良马亡失其配，不会招致灾祸。

◎《象》解释道：良马亡失其配，说明"六四"断绝与其配偶的关系而向上顺承"九五"。

【要诀】系心于一，脚踏实地。

九五，有孚挛如，无咎。

《象》曰：有孚挛如，位正当也。

【译】九五，用诚信之德广系天下人之心，一定没有灾祸。

◎《象》解释道：用诚信之德广系天下人之心，说明"九五"处位中正适当。

【要诀】正大光明，以诚治世。

上九，翰音登于天，贞凶。

《象》曰：翰音登于天，何可长也？

【译】上九，高空飞鸟的鸣叫声响彻天宇，虚声远闻而缺乏笃实，守持正固以防凶险。

◎《象》解释道：高空飞鸟的鸣叫声响彻天宇，虚声远闻而又缺乏笃实，这种声音怎么能够保持长久呢？

【要诀】切忌追求虚名。

❀ 中孚卦给我们的启示 ❀

1. 一如其字面意义，中孚卦全卦阐明的正是"内心诚信"的意义。诚信是当今十分需要的一种社会道德风尚，但诚信环境不能等别人来建设，你只有待人以诚，别人才会以诚回报。自视为强者的人，都应该行事磊落，而不应使奸耍滑。

2. 本卦强调待人诚信的时候，同时还注意提醒我们内外如一。卦中特地设有几爻来警示外诚内奸的人——"六三"居心不诚，言行无定；"上九"诚信衰竭，追求虚名。其结局都是凶险难测的。所以为人应当先保证心诚，后实现行诚。

3. 中孚的"诚"，还有对事业、对理想忠诚之意，人若要实现自己的价值，就必须心系事业，始终如一，不能三心二意，有始无终。

小过卦第六十二
——小过无妨多通变

（艮下 震上）

小过，亨，利贞。可小事，不可大事。飞鸟遗之音，不宜上，宜下，大吉。

《彖》曰：小过，小者过而亨也。过以利贞，与时行也。柔得中，是以小事吉也；刚失位而不中，是以不可大事也。有飞鸟之象焉。飞鸟遗之音，不宜上，宜下，大吉，上逆而下顺也。

《象》曰：山上有雷，小过；君子以行过乎恭，丧过乎哀，用过乎俭。

【译】小过卦象征小有过越，可致亨通，利于守持正固。不过只可以施行于些微柔小之事，而不能践履天下刚大之事。犹如飞鸟留下悲哀的叫声，不宜于向上强飞，而宜于向下安栖，这样才会大为吉祥。

◎《彖》解释道：小有过越，说明在日常小事上有所过越，可以获得亨通。有所过越，可以获得有利于守持正固，说明应该配合适当的时候来实行小过之道。阴柔处中不偏不倚，因此小过施行于平常柔小些微之事可以获得吉祥；阳刚失其正位而又不能居中，所以小过不能用以践履天下刚大之事。卦中有飞鸟的喻象，飞鸟发出了悲哀的叫声，不宜于向上强飞而宜于向下栖安，这样会大为吉祥，说明向上行大志则易违逆，而向下施行小事则会安顺。

◎《象》解释道：山顶上响动着震雷，声音超过常态，象征小有过越。君子们因此在行为举止上稍过恭敬，丧事中稍过悲哀，日常费用稍过节俭。

【要诀】不拘小节，灵活处事。

初六，飞鸟以凶。

《象》曰：飞鸟以凶，不可如何也。

【译】初六，飞鸟硬是逆势向上，必会有凶险。

◎《象》解释道：飞鸟硬是逆势向上，必会有凶险，说明"初六"是无可奈何，自取其咎。

【要诀】把握尺度，忌好高骛远。

六二，过其祖，遇其妣；不及其君，遇其臣，无咎。

《象》曰：不及其君，臣不可过也。

【译】六二，越过祖父，得遇祖母，但不能擅自越过君主，君主能够遇合臣仆，一定没有灾祸。

◎《象》解释道：不能擅自越过君主，说明"六二"作为臣仆绝不能擅自越过尊贵之君。

【要诀】适当过越，不致凶咎。

九三，弗过防之，从或戕之，凶。

《象》曰：从或戕之，凶如何也？

【译】九三，不愿过分防备，势必将要受人加害，有凶险。

◎《象》解释道：势必将要受人加害，说明"九三"的危险是多么厉害啊！

【要诀】防人之心不可无，留意宵小。

九四，无咎，弗过遇之，往厉，必戒，勿用永贞。

《象》曰：弗过遇之，位不当也；往厉必戒，终不可长也。

【译】九四，不会有灾祸。不过分刚强就能够得遇阴柔，但是如果前往应合必有凶险，定要心存戒惧，不可施展才能，永久守持正固。

◎《象》解释道：不过分刚强就可以遇合阴柔，说明"九四"所居的阳刚位置不适当。前往应合会有凶险，务必要心存戒惧，说明往去应合阴柔终将不能保持长久无灾祸。

【要诀】自守正道，不偏不倚。

六五，密云不雨，自我西郊，公弋取彼在穴。

《象》曰：密云不雨，已上也。

【译】六五，阴云密布而不降雨，云气的升腾起自我们城邑的西郊，王公贵族竭力射取那隐藏在洞穴中的野兽。

◎《象》解释道：阴云密布而不降雨，说明"六五"阴柔过盛，已经高居阳刚之上。

【要诀】不可过于优柔守法。

上六，弗遇过之，飞鸟离之，凶，是谓灾眚。

《象》曰：弗遇过之，已亢也。

【译】上六，不能遇合阳刚却超越了极限，犹如飞鸟遭到射杀，有凶险，这就叫做灾祸。

◎《象》解释道：不能遇合阳刚而超越了极限，说明"上六"已高居亢极之地。

【要诀】千里之堤，溃于蚁穴。

❀ 小过卦给我们的启示 ❀

1. 中庸是保证人生成功的关键，但是实施这个原则不能没有余地，一味追求中庸反而可能离中庸之道更远。在处理事务性工作时，原则并不总是那么重要，如果过于拘泥于原则和标准，不能灵活机变，办事的效率和效果都会打折扣。

2. 用"小过"这一行事哲学来指导生活也有许多讲究。从程度上看，实行小过只是稍稍而已，这就是说施行小有过越不能不以"正"为根本标准，否则就会大过而致凶。只有适可而止，审时度势，具体问题具体分析，才能够处理好事务性工作，遇有麻烦时才能逢凶化吉。

3. 小有过越只可施行于寻常无关紧要的小事，而不可用以践履天下家国的大事，这是实行小过的范围问题。对于关涉道德的选择，则应该坚守道德，不可随意践踏道德底线；处理重大事件，切不可任意过越，而应该按既定的规矩即"道"来行事。

既济卦第六十三

——功成名就须谨慎

 （离下 坎上）

既济，亨小，利贞；初吉，终乱。

《彖》曰：既济亨，小者亨也；利贞，刚柔正而位当也；初吉，柔得中也；终止则乱，其道穷也。

《象》曰：水在火上，既济；君子以思患而豫防之。

【译】既济卦象征成功，连柔小者也获得亨通，利于守持正固，若不能慎终如始则起初吉祥终将危乱。

◎《彖》解释道：事已成，亨通，说明此时连柔小者也获得亨通。占问结果吉利，因为阳刚阴柔均行为端正、居位适当。起初吉祥，说明柔小者能持中不偏。最终停滞不前必将导致危乱，说明既济之道已经困穷。

◎《象》解释道：水在火上，象征"事已成"。君子因此而思虑可能出现的祸患而预先做好防备。

【要诀】察机识变，巩固成果。

初九，曳其轮，濡其尾，无咎。

《象》曰：曳其轮，义无咎也。

【译】初九，拖住车轮使之缓行，沾湿小狐狸的尾巴使之缓渡，没有灾祸。

◎《象》解释道：拖住车轮使之缓行，说明"初九"的行为符合居安思危、慎终如始的道理而没有灾祸。

【要诀】居安思危。

六二，妇丧其茀，勿逐，七日得。

《象》曰：七日得，以中道也。

【译】六二，妇人丧失了车幔，不用去寻找，七天后必能复得。

◎《象》解释道：七日后必能复得，是因为"六二"能守中正之道。

【要诀】克制自己，等待机会。

九三，高宗伐鬼方，三年克之，小人勿用。

《象》曰：三年克之，惫也。

【译】九三，殷高宗讨伐鬼方，历经三年终于取得了胜利，在善后处理上不要任用小人。

◎《象》解释道：历经三年终于取得了胜利，说明"九三"已疲惫不堪。

【要诀】胜利来之不易，万勿任用小人。

六四，繻有衣袽，终日戒。

《象》曰：终日戒，有所疑也。

【译】六四，华美的衣服将会变成破敝的衣服，应当整天戒备可能发生的祸患。

◎《象》解释道：整天戒备，说明"六四"有所疑惧。

【要诀】时刻警惕，不可松懈。

九五，东邻杀牛，不如西邻之禴祭，实受其福。

《象》曰：东邻杀牛，不如西邻之时也；实受其福，吉大来也。

【译】九五，东边邻国杀牛盛祭，不如西边邻国简薄的禴祭，更能切实承受神灵赐予的福泽。

◎《象》解释道：东边邻国杀牛盛祭，不如西方邻国能适时而薄祭。西方邻国能更切实地承受神灵赐予的福泽，说明盛大的吉祥将会来临。

【要诀】满招损，谦受益。

上六，濡其首，厉。

《象》曰：濡其首厉，何可久也？

【译】上六，小狐狸渡河沾湿头部，有危险。

◎《象》解释道：小狐狸渡河沾湿头部有危险，若不采取断然措施怎么能够长久呢？

【要诀】危机之时，应采取断然措施。

🈶 既济卦给我们的启示 🈶

1. 事业即将成功之际，不可对潜在的困难掉以轻心。"渡河成功"（既济）在人生中并非常态，更多时候人总是在一种摸索、挣扎的状态，所以获得阶段性成功以后应该总结经验、研究下一步的前进方向。否则当前的胜利只能算是跨过一条窄沟，真正的大河仍然能够将成功者淹没。

2. 既济卦虽说是处于事已成之时，物无大小俱获亨通，但日子过得一点儿也不轻松。卦辞强调"利贞"，并警告说"初吉终乱"，《象传》与卦前《象传》也反复申述了思患防患的思想。存不忘亡、安不忘危，既济卦所阐述的这种警钟长鸣、慎终如始的思想，是古人留给我们的宝贵遗产，值得今人去认真思考。

未济卦第六十四

——变易无穷向前行

 （坎下 离上）

未济，亨，小狐汔济，濡其尾，无攸利。

《彖》曰：未济亨，柔得中也；小狐汔济，未出中也；濡其尾，无攸利，不续终也。虽不当位，刚柔应也。

《象》曰：火在水上，未济；君子以慎辨物居方。

【译】未济卦象征事未成，勉力使成可获亨通。小狐狸渡河接近成功之时，被沾湿了尾巴，没有什么吉利。

◎《彖》解释道：事未成而至亨通，是因为柔顺而能守持中道。小狐狸渡河接近成功之时，实际上仍未脱出坎水之中；沾湿了尾巴而没有什么吉利，说明努力没有持续至终。卦中六爻虽然位皆不当，但刚柔两两相应，勉力可获成功。

◎《象》解释道：火在水上，象征事未成。君子因此以审慎的态度分辨万事万物，使之各居适当的处所。

【要诀】坚持奋斗，慎始慎终。

初六，濡其尾，吝。

《象》曰：濡其尾，亦不知极也。

【译】初六，小狐狸渡水沾湿了尾巴，会有麻烦。

◎《象》解释道：小狐狸渡水沾湿了尾巴，亦不知谨慎持中。

【要诀】审时度势，不可冒进。

九二，曳其轮，贞吉。

《象》曰：九二贞吉，中以行正也。

【译】九二，拖住车轮使之缓行，守持正固可获吉利。

◎《象》解释道："九二"守持正固可获吉祥，说明居位适中，行事端正。

【要诀】放缓步伐，稳健前行。

六三，未济，征凶，利涉大川。

《象》曰：未济征凶，位不当也。

【译】六三，事未成，急于前进必有凶险，但利于涉越大河急流。

◎《象》解释道：事未成而急于前进必有凶险，说明"六三"居位不当。

【要诀】失位处险，不可妄动。

九四，贞吉，悔亡；震用伐鬼方，三年有赏于大国。

《象》曰：贞吉悔亡。志行也。

【译】九四，守持正固可获吉祥，悔恨消失。以雷霆震动之势讨伐鬼方，历经三年战争胜利，被封赏为大国诸侯。

◎《象》解释道：守持正固可获吉祥，悔恨消失，说明"九四"立志于求济的行动。

【要诀】坚持不懈，奋斗到底。

六五，贞吉，无悔；君子之光，有孚，吉。

《象》曰：君子之光，其晖吉也。

【译】六五，守持正固可获吉祥，没有悔恨；君子之德似太阳之光，有诚实守信的德行可以获得吉祥。

◎《象》解释道：君子之德似太阳之光，光照天下，带来吉祥。

【要诀】尽施其力，兼济天下。

上九，有孚于饮酒，无咎；濡其首，有孚失是。

《象》曰：饮酒濡首，亦不知节也。

【译】上九，怀着诚信之心举杯庆贺，没有灾祸。但若沉湎于酒，将如小狐狸渡水沾湿头部，必然有失正道。

◎《象》解释道：沉湎于饮酒如同小狐狸渡水沾湿头部，说明如此下去也太不知节制了。

【要诀】谨慎节制，不可得意忘形。

未济卦给我们的启示

1. 调查研究是事业成功的第一步。把站在河边试探、观察当做整个渡河工作的一部分，渡河才不会有预料不到的危险。人生处处都保持这种思维，则可以避免不必要的失败。

2. 做事要持之以恒。人生旅途的整个过程，就如同渡河，容不得一丝懈怠和反悔，很多时候人已经游到了河中间，只有持之以恒才能化险为夷，到达光明的彼岸。

3. 不断创新才能不断前进。在很多情况下，不仅仅是客观原因促成事态的变化，主观因素往往起着决定性的作用。